35

Traditional Chinese Learning | 国学茶座

山东大学尼山学堂主办

主　　编：杜泽逊

学术助理：江　曦　韩　悦　李振聚

编委会：

刘晓东	叶国良	林庆彰	王新春	王　锷	阎步克	李伯重
陈春声	王学典	黄朴民	周振鹤	辛德勇	荣新江	张涌泉
徐　俊	陈　来	郭齐勇	郑杰文	江晓原	韩　琦	刘玉才
漆永祥	姜　生	程章灿	陈尚君	郭延礼	朱则杰	戚良德
潘建国	黄仕忠					

图书在版编目（CIP）数据

国学茶座．总第35辑/杜泽逊主编 ．— 济南：山东人民出版社，2023.6
ISBN 978-7-209-14035-5

Ⅰ.①国… Ⅱ.①杜… Ⅲ.①国学－丛刊 Ⅳ.①Z126-55

中国版本图书馆CIP数据核字（2022）第169183号

出 版 人　胡长青
项目统筹　王海涛
责任编辑　战海霞

山东出版传媒股份有限公司
山东人民出版社出版发行
网址：http://www.sd-book.com.cn
社址：济南市市中区舜耕路 517 号　邮编：250003
编辑室电话：0531-82098902　总编室电话：0531-82098914

东营华泰印务有限公司印装
16 开本（169 毫米×232 毫米）　11 印张　160 千字
2023 年 6 月第 1 版　2023 年 6 月第 1 次印刷
定价：25.00 元
　　（如有印装质量问题，请与出版社总编室联系调换）

点校是做学问的基础

汪少华

"点校"，即标点与校勘，是当代通常采用的最基本的古籍整理形式。由于点校的原创性、理论性远不如研究著作，所以学术评价不高，大学科研考核分数还不及一篇C刊（CSSCI的简称）论文；古籍图书大多经济效益不高，出版社支付的稿酬相应就少。而限于点校者与编辑的知识结构，尤其是时间和条件，点校永远是遗憾的工作，再高明的点校者都不可能不出错。一部严肃的点校本，从一百万字中挑出一百处错误（万分之一差错，仍在合格之列），并非十分难做到。除了"校书如扫落叶"，还有如余嘉锡在《四库提要辩证序》中所说"惟吾之所趋避""树之鹄而后放矢"的因素。因此，我们对"吃力不讨好"的点校者应同情理解，对优质点校本应积极鼓励，即使有些点校本错误不少也不宜定性为"错误百出"。

点校必须不断完善，因而，我们欢迎实事求是的纠错。纠错原则是给出理据，明确正误，避免自以为是、以不误为误；编辑与点校者有标点分歧，彼此也应给出理据，避免妄改。中华书局出版的《古籍点校疑误汇录》，即是纠错理据的汇编，足资点校者参考；又如孙诒让《周礼正义》有沾溉一代学人的《十三经清人注疏》本，又有在前者基础上完善的《孙诒让全集》本，正误理据何在？《〈周礼正义〉点校考订》一书提供了充足的论证。

古籍点校受到重视的标志，在国家和教育部层面是社科基金项目出现较大比例纯古籍整理，在出版社层面是公开招标，这些都是提高点校质量、避免资源浪费的关键。大型古籍整理应有电子本，既不占公私物理空间，也有利于电子阅读与及时修改。

当代信息发达，得益于计算机的便利，青年学人应先有"好屁股"，肯花时间，做出优质的点校本。点校是做学问的基础，点校出研究课题，由点校训练"好头脑"，进而研究出原创成果或理论著作，善莫大焉。

（作者单位：复旦大学出土文献与古文字研究中心）

目录 国学茶座 总第三十五辑

［集］

名家介绍

易学浅说（三十四）

王新春

三十三、汉代象数易学的集大成者虞翻

虞翻（约164—233），字仲翔，会稽余姚（今浙江余姚）人，东汉末年著名经学家，其经学成就集中于易学，是卓荦不群的象数易学大家，集两汉象数易学之大成。

以下略述虞翻的生平与著述、虞翻《周易》著述传世与研究大致情形、虞氏易学之总体特色三项内容。

（一）虞翻的生平与著述

据《三国志》本传（《三国志·吴书·虞陆张骆陆吾朱传》）及裴松之注记载，虞翻少好学，有高气。王肃之父王朗任会稽太守，命虞翻为功曹。孙策行师征会稽，虞翻劝王朗避策，王朗未能采纳这一建议，奋起抵抗，结果败绩。孙策既得会稽，复命虞翻为功曹，待之以交友之礼，并亲临其府第，促膝相谈，其对虞翻的看重之意，由此也可略见一斑。孙策为人喜欢驰骋游猎，虞翻直言以谏阻之，恳挚以君人者不重则不威之理相陈，孙策衷心悦服。虞翻出为富春长。孙策去世之后，其弟孙权继兄总理江东事务。虞翻州举茂才，东汉朝廷召为侍御史。时任司空之职的曹操，挟天子汉献帝以令诸侯，征召虞翻，虞翻闻而耻之，拒而不受。孙权授之以骑都尉之职。虞翻生性疏直，屡次犯颜谏争，孙权大为不悦。另外，虞翻为人不善协俗，颇显锋芒，

因此常常遭人毁谤，先后被贬谪到丹杨泾县、交州。《三国志》本传裴注引《翻别传》载，虞翻虽处罪放南方，却仍讲学不倦，门徒常数百人，并先后为多部经典作注。自云："自恨疏节，骨体不媚，犯上获罪，当长没海隅。生无可与语，死以青蝇为吊客。使天下一人知己者，足以不恨。"以典籍自慰，依《易》设象，以占吉凶。沦落交州十余年而卒，享年七十岁。后孙权遣将士征辽东，于海中遭风，多所没失。《三国志》本传裴注引《江表传》记载，孙权心生悔意，乃言曰："昔赵简子称诸君之唯唯，不如周舍之谔谔。虞翻亮直，善于尽言，国之周舍也！前使翻在此，此役不成。"遂急令属下前往交州探问，嘱以虞翻若尚存人世，即给其人船，发遣还都；若虞翻已经亡故，则送丧还本郡，使其子仕宦。惜乎虞翻早已作古。

清光绪年间修《浙江诸暨虞氏宗谱》
所载虞翻像

清张惠言《周易虞氏义》书影

　　虽遭逢乱世，无论是置身于争战环境下，还是在贬谪异方他乡的天涯海角之际，虞翻始终勤于治学，笔耕不辍。晚岁在交州，更是借玩味诠释阐发经典抚慰安顿自己的心灵。

　　据《三国志》本传，虞翻较早即完成了其《周易注》。本传又称，在罪放交州之际，他"又为《老子》《论语》《国语》训注，皆传于世"。裴注引《翻别传》则指出，在交州，虞翻"又以宋氏解《玄》颇有缪错，更为立法，并著《明杨释宋》以理其滞"。《玄》即汉扬（一作杨）雄的仿《易》之作《太玄》（一名《太玄经》）。宋氏，东汉末学者宋衷（一作忠），尝为《太玄》作注，《隋书·经籍志》即载有其九卷本之注及与三国吴陆绩的十卷本之注。"明杨"，即谓阐明虞氏所理解的杨氏《太玄》之本旨；"释宋"，则是排解开宋衷对于《太玄》滞而不通的识见。

《隋书·经籍志》《旧唐书·经籍志》及《新唐书·艺文志》，皆著录有虞注《周易》九卷。唐陆德明《经典释文·序录》则著录有虞注《周易》十卷。此即前揭虞翻的《周易注》。

唐陆德明《经典释文·序录》著录有《论语》虞翻注十卷。《隋书·经籍志》则称："王肃、虞翻、谯周等注《论语》各十卷，亡。"此即前揭虞翻为《论语》所作之训注。

《隋书·经籍志》称："《春秋外传国语》二十一卷，虞翻注。"旧《唐志》则云："《春秋外传国语》二十一卷，虞翻撰。"新《唐志》则云："虞翻注《国语》二十一卷。"此即前揭虞翻对《国语》所作之训注。

《经典释文·序录》著录有《老子》虞翻注二卷。《隋书·经籍志》则称："虞翻注《老子》二卷，亡。"此即前揭虞翻为《老子》所作之训注。

《隋书·经籍志》称："梁有《扬子太玄经》十四卷，虞翻注。"新《唐志》、旧《唐志》亦著录有虞注《杨子太玄经》十四卷。按，前揭虞翻所撰《明杨释宋》，"明杨"大概是从正面疏解、阐发《太玄经》本文，借此而彰显其本旨；"释宋"大概是从反面批驳宋注之"缪错"，并配合正面的疏解和阐发，以排解宋注之滞。刘大钧教授在其发表于《周易研究》1990年第2期的论文《虞翻著作考释》中认为，"这两部分的内容皆为训注《太玄经》而作"，"疑《太玄经注》可能即《翻别传》之《明扬》《释宋》"。

据相关记载，虞翻的著述尚不限于以上所揭数种。

《十三经注疏》载唐玄宗《孝经序》在评骘几家《孝经》训注的得失、优劣时，曾说"韦昭、王肃，先儒之领袖；虞翻、刘邵，抑又次焉"，则虞翻亦尝为《孝经》作注。

《隋书·经籍志》载，虞翻尚有以下三种《易》类著作：其一，"梁有《周易日月变例》六卷，虞翻、陆绩撰"；其二，《周易集林律历》，一卷；其三,《易律历》,一卷。

《经典释文》卷二《周易音义》释《周易》之"易"字时,曾说:"虞翻注《参同契》云:字从日下月。"可见,虞翻尝为东汉末道士魏伯阳所撰之《周易参同契》作注。

此外,《隋书·经籍志》著录:"后汉侍御史《虞翻集》二卷,梁三卷,录一卷。"《旧唐书·经籍志》亦录有《虞翻集》三卷,《新唐书·艺文志》同此。

就传世文献记载,虞翻的著述,大致如上所列。由此已足见其学问的渊博。当代虞翻易学研究大家刘大钧教授,撰有《虞翻著作考释》一文,对虞翻的著作作了精审考辨,可参看。"刘文"中还考出虞著有《川渎记》。

虞翻自我期许颇高,甚为自负,锋芒略显过于外露,似乎缺乏儒者所应具备的谦和之气,因此,他对各家的经典训注,尤其是五经方面的训注,往往皆表现出不满之情。

东汉末年,郑玄立足古文经学,兼通今文经学,曾经遍注群经与各种纬书,成为总结并终结两汉经学、集两汉经今古文学之大成的一代经学大师,广为世人所推重景仰。即使对于这样一位雅为世人所重的经学大师,虞翻也毫无顾忌地对其提出严厉批评。《三国志》本传裴注引《翻别传》载,虞翻曾经在奏汉献帝的书信中,详列郑玄解《尚书》违失事之目,斥责郑玄不知阙疑之义,指出"于此数事,误莫大焉",宜命学官定之。他认为,"此不定,臣没之后,而奋乎百世,虽世有知者,怀谦莫或奏正",进而申言:"玄所注五经,违义尤甚者百六十七事,不可不正。行乎学校,传乎将来,臣窃耻之!"由此看来,虞翻大概曾有志于重新系统地梳理、诠释五经,只是由于长期的戎马倥偬,或遭流放,最终未能如愿以偿。

虽然未能实现重新系统梳理、诠释五经的夙愿,因而不能与郑玄等人的博通五经同日而语,但是,虞翻仍然取得了极高的学术造诣。其学术造诣最深者乃在于易学。这方面的造诣,使他当之无愧地成了两汉象数易学的集大成者。

据《三国志》本传裴注引《翻别传》载,其《易注》初立,奏书汉献帝道:

[经]

臣闻六经之始，莫大阴阳。是以伏羲仰天县象，而建八卦，观变动六爻为六十四，以通神明，以类万物。臣高祖父，故零陵太守光，少治孟氏《易》；曾祖父，故平舆令成，缵述其业；至臣祖父凤，为之最密。臣亡考，故日南太守歆，受本于凤，最有旧书，世传其业，至臣五世。前人通讲，多玩章句，虽有秘说，于经疏阔。臣生遇世乱，长于军旅，习经于枹鼓之间，讲论于戎马之上，蒙先师之说，依经立注。又，臣郡吏陈桃，梦臣与道士相遇，放发被鹿裘，布《易》六爻，挠其三以饮臣。臣乞尽吞之。道士言：《易》道在天，三爻足矣。岂臣受命，应当知经？所览诸家解，不离流俗，义有不当实，辄悉改定，以就其正。孔子曰："乾元用九，而天下治。圣人南面，盖取诸离。"斯诚天子所宜协阴阳、致麟凤之道矣。

同样据《三国志》本传裴注引《翻别传》载，其又奏汉献帝说：

经之大者，莫过于《易》。自汉初以来，海内英才，其读《易》者，解之率少。至孝灵之际，颍川荀谞，号为知《易》。臣得其注，有愈俗儒。至所说"西南得朋，东北丧朋"，颠倒反逆，了不可知。孔子叹《易》曰："知变化之道者，其知神之所为乎！"以美大衍四象之作，而上为章首，尤可怪笑！又，南郡太守马融，名有俊才，其所解释，复不及谞。孔子曰："可与共学，未可与适道。"岂不其然！若乃北海郑玄，南阳宋忠，虽各立注，忠小差玄，而皆未得其门，难以示世。

由奏书可知，虞翻生于易学世家，自其高祖虞光少年时代起即传孟氏（喜）易学，历曾祖父虞成、祖父虞凤、父亲虞歆，至虞翻已达五世之久。孟喜的卦气说，是其借以重新契会《周易》经传，建构虞氏易学的极为重要的思想来源。其云陈桃所梦一事，又透露出虞氏易学与道教，与魏伯阳《周易参同契》所显发的月体纳甲说、卦气消息功法说间，所存有的微妙关联。

在奏书中，虞翻以自己的识见，尖锐批评了他所认为的注《易》各家，尤其是被时人推尊为注《易》名家的马融、荀爽(荀氏一名谞)、郑玄以及宋衷(一作忠)诸人的偏失、谬见,以为其自立之《易》注张目。

平心而论,虞翻对于各家所作的评判,的确不免有所偏激,有失公允,带有明显的门户之见。但是,若能以宽容的胸襟,从同情地理解他人的学术识见的视域出发来审视,我们也不难看出,虞翻本人,基本上是抱着满腔学术之真诚来诠释《周易》经传及其他典籍和批评诸家的,其目的在于通过自己的努力,以豁显他所认定的《易》及其他典籍之本旨,并希冀世人能够认同、接受他所作的诠释。

(二)虞翻《周易》著述传世、研究大致情形

虞氏的著述包括易学著述在内,存世已不多。唐陆德明所撰《经典释文》,保存了部分虞氏《易注》的音、义。唐李鼎祚的《周易集解》,则征引了虞氏《易注》的大量内容,虞氏《易》的传世而不绝,端赖李氏此书。

除此而外,清以来,诸儒衰辑、诠释、阐发虞氏《易》的相关著述,是今人研究虞氏易学的重要参考资料。这些著述,主要有:

清儒孙堂,辑有虞氏《周易注》十卷、《附录》一卷,《汉魏二十一家易注》本。

清儒黄奭,辑有虞氏《易注》一卷,《黄氏逸书考》(民国修补本、民国补刊本),《汉学堂经解》本。

清儒惠栋,撰有《周易述》二十三卷(一作二十一卷,因内中有两卷全阙),《易汉学》八卷(后者卷三,即系"虞仲翔易")。两部著作,其相关内容,对虞氏《易》作了较早、较为全面的研究、诠释与阐发。《周易述》,有《四库全书》本、《皇清经解》本以及《四部备要》本。《易汉学》,则有《四库全书》本、《经训堂丛书》本(乾隆本、景乾隆本)、《皇清经解续编》本以及《丛书集成初编》哲学类本。

清儒张惠言,撰有《周易虞氏义》九卷,辑补了李氏《周易集解》而外的虞氏《易注》之佚文,并对虞氏《易注》首次作出了全面、简明的诠释和阐衍。此书有《张皋文笺易诠全集》本(按,张氏字皋文,以下简称《全集》本)、《皇清经解》本。

清儒曾钊,则撰有《周易虞氏义笺》九卷,对虞氏《易注》作了进一步

的诠释、阐发。此书则有《面城楼丛刊》本。近人李翊灼，撰有《周易虞氏义笺订》二十卷，在曾钊基础上又有新的阐发。此书有民国东北大学排印本。

张惠言另撰有《周易虞氏消息》二卷（《全集》本、《皇清经解》本），《虞氏易礼》二卷（《全集》本、《皇清经解》本），《虞氏易事》二卷（《皇清经解续编》本、《丛书集成初编》哲学类本），《虞氏易候》一卷（《全集》本、《皇清经解续编》本），《虞氏易言》二卷（《全集》本、《皇清经解续编》本）；清儒胡祥麟，撰有《虞氏易消息图说初稿》一卷（《丛书集成初编》哲学类本）；清儒方申，撰有《虞氏易象汇编》一卷（《方氏易学五书》本）；清儒纪磊，撰有《虞氏逸象考正》一卷、《续纂》一卷、《虞氏易义补注》一卷及《附录》一卷（皆见《吴兴丛书》本）。诸书对虞氏易说，皆有所诠解、推阐。

清儒李锐，撰有《周易虞氏略例》一卷，对虞氏的易学象数体例，作了较为简明、切当的诠说，此书系研究虞氏易学不可多得的入门文献。该书有《皇清经解续编》本、《聚学轩丛书》（第四集）本。

清儒李道平所撰《周易集解纂疏》十卷，内中对李氏《周易集解》采录之虞氏注文，予以疏释，主要汇集了惠栋、张惠言诸人之说，时或加入自己的理解。此书是研究虞氏易学较为易见、常见的参考文献。该书有《湖北丛书》本、《丛书集成初编》哲学类本。民国徐昂所撰《周易虞氏学》六卷，亦系研究虞氏《易》的重要著述。该书有《徐氏全书》本。

今人刘大钧教授撰有《虞氏易集义》（稿本），是继张惠言、曾钊、纪磊、徐昂、李翊灼后的虞氏易学研究集大成之作，其部分内容开始见于《周易研究》杂志，期待该书早日出版面世，以嘉惠士林。高怀民教授《两汉易学史》（中国学术著作奖助委员会、广西师范大学出版社本），徐芹庭教授《虞氏易述解》（台北五洲出版社本），朱伯崑教授《易学哲学史》（北京大学出版社本），周立升教授《两汉易学与道家思想》（上海文化出版社本），潘雨廷教授《周易虞氏易象释》（上海古籍出版社本），刘玉建教授《两汉象数易学研究》（广西教育出版社本），林忠军教授《象数易学发展史》（齐鲁书社本），皆有专章梳理虞翻易学的象数体例。拙著《周易虞氏学》（台湾顶渊文化事业有限公司本），在前人基础上对虞氏《易注》进行了疏释阐发。

（三）虞氏易学之总体特色

张惠言论及虞氏易学之特色，其言曰：

> 翻之言《易》，以阴阳消息，六爻发挥、旁通、升降、上下，归于乾元用九而天下治。依物取类，贯穿比附，始若琐碎，及其沉深解剥，离根散叶，畅茂条理，遂于大道，后儒罕能通之。（《周易虞氏义·自序》）

今人徐芹庭教授在论及虞氏易学之特色时，则称：

> 本《说文》《尔雅》《方言》，以求《易》之本义一也；博征于群经、诸子，以融《易》义二也；旁征于史事三也；取《易经》卦爻辞以释《易》之理象四也；宗"十翼"以诠《易》五也；明爻位之律则，以阐《易》理之精微六也；以既济定位，发易学之微言七也；明变通之意，以阐变易之理八也；明消息卦气之大义，阐天地消息之真机九也；以巽行权，幽赞孔子之玄意十也；存诸家之《易》注十一也；建立《易》之批评论，用纠诸家之失十二也；发"同义"之例，以启触类旁通之门十三也；集象数之大成，扩《易》义于无穷十四也；又观宇宙之大用，而归本于人事十五也；行夏之时，以发孔子之微旨十六也；用纳甲之义，明消息盈虚之至理十七也；用卜筮之法，以极大《易》之神奇十八也。（《易学源流》）

以上二贤之论或略或详，皆深值我们参考。张氏所言，系虞氏易学的总体特色或突出特色；而徐氏所言，则为虞氏易学各个方面的具体特色。就总体而论，虞氏易学的特色可大致概括为如下五端。

本家传孟氏一系的卦气说，以诠说和彰显天地宇宙间阴阳之消息，四时之递嬗与万物万象之生化，乃是虞氏易学终始一贯的核心内容；依"月体纳甲说"，藉月相之盈亏，以进一步诠说和彰显阴阳消息盈虚之理，为虞氏易学中仅次于前者的又一重要内容；提揭一系统卦变说，以消息卦统摄另五十二卦，视后者系由前者变来，从而为《易》的变易之义增添了一种新的注脚；透过旁通说，朗显了阴阳与万象显隐一体、互涵相通之妙；空前绝后地大量运用众多的卦之逸象以及各种互体、连互之象和半象等以释卦诠《易》，则是虞氏易学最为突出的特色，也正因此之故，使其成为易学发展史上易学象学的典型代表。

（作者单位：山东大学哲学与社会发展学院）

《国学茶座》稿约

山东大学尼山学堂创办《国学茶座》的目标是"普及国学知识，发表国学新见，培育国学新人"。欢迎高层次的国学家为我们撰稿，也欢迎大学、高中教师以及大学生、研究生或国学爱好者为我们撰稿。文章内容涉及九经三传、语言文字、史传地理、政治经济、军事外交、国家民族、风俗礼制、金石图书、周秦诸子、宋明理学、天文历算、琴棋书画、花鸟服饰、建筑陈设、饮食起居、农业园艺、中医养生、宗教信仰、诗文词曲等方面者皆可。既注重知识的介绍，又注重探幽抉微，阐发新见。典籍之流传，学问之演变，人物传记，史事本末，诗文品藻，文字训释，均所提倡。总以深入浅出，娓娓道来，是所宗尚。

《国学茶座》自2013年出刊，简体汉字。稿费标准：每千字70元，特稿每千字100元。作者赠样书2册。投稿电子信箱guoxuechazuo@126.com。来稿请注明作者姓名、单位、通信地址、邮政编码、电子信箱、联系电话等。

恒之读诗记（十七）

向　辉

小　星

嘒彼小星，三五在东。肃肃宵征，夙夜在公，寔命不同。

嘒彼小星，维参与昴。肃肃宵征，抱衾与裯，寔命不犹。

【毛诗序】《小星》，惠及下也。夫人无妒忌之行，惠及贱妾，进御于君，知其命有贵贱，能尽其心矣。【郑玄笺】以色曰妒，以行曰忌。命，谓礼命贵贱。（《毛诗正义》卷一）

【朱子集传】南国夫人承后妃之化，能不妒忌以惠其下，故其众妾美之如此。盖众妾进御于君，不敢当夕，见星而往，见星而还，故因所见以起兴。其于义无所取，特取"在东""在公"两字之相应耳。逐言其所以如此者，由其所赋之分不同于贵者，是以深以得御于君为夫人之惠，而不敢致怨于往来之勤也。（朱熹《诗集传》卷一）

经典是精神的家园，而阅读经典需要智慧的路标。《毛诗》与《诗集传》就是最好的路标。没有这样的路标，我们可能很难理解古代的诗文，比如《昭明文选》收录的晋代张华《女箴》"鉴于《小星》，戒彼攸遂；比心《螽斯》，则繁尔类"（《昭明文选》卷五十六）中的《小星》《螽斯》正是《毛诗》所说的《诗经》义。

一

诗义从自然而来。《小星》篇谈到了天象，那是古人观测和命名的天文现象。在二十八星宿中，东方苍龙为角、亢、氐、房、心、尾、箕，西方白虎为奎、娄、胃、昴、毕、觜、参，南方朱雀为井、鬼、柳、星、张、翼、轸，北方玄武为斗、牛、女、虚、危、室、壁。这对于春秋战国的人来说并不难理解，湖北随州曾侯乙墓中出土的漆箱上面就有完整的二十八星宿名，并且有苍龙白虎的形象。

如果按照二十八星宿来说，"三五在东"，是苍龙宿的星星，而"维参与昴"则是白虎宿的星星。《毛传》说，小星是无名的众多星星，而三星为心星，五星为噣星，"三五在东"就是苍龙宿的星星；参星是伐星，昴星是留星，"维参与昴"就是白虎宿的星星。不过，为什么《小星》篇中没有直接用二十八星宿的星名，而是用了另外一种呢？有一种可能是当时还没有对星宿的标准命名，几种不同的说法同时并存。后来，很多事物都有了统一或固定的说法，我们便用新的理解去解释旧的词汇，甚至用新的理解替换旧的说法。比如，三星五星，今天的理解和以前是完全不同的。朱子说，"三"与"五"不一定是具体的星名，可以认为是星星稀稀朗朗的样子；而"参"和"昴"，是天空星宿中西方的两个星宿的名字。

然而，我们仅仅明白了星星和星宿，未必能够理解《小星》篇的意义。星星的形象，如今有五星红旗、星条旗、星月旗等，旗帜上的星星都有它特定的意涵；同样，《小星》篇的星名，也有它的历史意义。那么，它们到底在说什么呢？毛公和朱子说，这是妻妾的隐喻说法。朱子认为，星星就是天空中实际出现的那些星星，我们早晚都能见到星星，说明"见星而往，见星而还"，没有什么特别的意义。重要的是"在东"和"在公"，说明人与人的地位和职责不同，这是自然的差异，没有什么好抱怨的。我们要认识到这种不同，找好自己的位置，尽到自己的职责，仅此而已。

就《小星》篇来说，无论毛公、郑玄还是朱子对《小星》的解读，都不符合现实主义的想象。正如朱子把"三""五"从星星的名字变成星星稀稀朗朗的样子，我们也可以把妻妾之说重新加以改造。妻妾成群是被抛弃的陋习。一夫一妻制早已深入人心，无论高级干部还是平民百姓，都没有可能再退回一夫多妻或者一妻多夫的时代。就现实而言，诗篇中提到的大家庭及相互之间的关系原理似乎只能是一个古老的传说。在此处，以前的那些和《诗经》相关的路标指向了天空，指向了遥远的过去。所以，现代的释经学想要接着把故事讲好，就需要以新的路标来作指引。文学、哲学是其中两种重要的指引。

我们先看文学。《诗经》是周人的文学，所以在现代学科体系中属于中国古代文学。游国恩（1899—1978）说："《三百篇》为我国一切文学之权舆、艺林之渊薮，其地位至重要也。"（《先秦文学　中国文学史讲义》）即便是在进步主义者看来，《诗经》也是达到了相当成功的水准的。比如四言诗的定型，声韵的调和，修辞的运用等，都能举出很多例证。这些例证说明：《诗经》是周文学的典范。游国恩认为，"二南"诗篇所谈的大多是夫妇家庭琐事、男女婚嫁常情，什么妇女思念在外的丈夫，什么贞女厌恶无礼的行为，什么循吏的遗产，什么猎人的收获之类的，没有必要一定给出某某人在某处怎么做事。（《先秦文学　中国文学史讲义》）

在游国恩看来，《小星》是一首抒情诗，诗篇中明确写有抱怨之词，"寔命不同"，就是控诉人的不平等，这不是抒情又是什么呢？这类抒情诗，为什么会被采入《诗经》，我们不用管，也说不清楚，我们要做的无非是"细玩其辞"而已。因为如果我们认定《诗经》是风谣之歌，也就是人民的歌唱，那么它一定有人民的呼声在，至于某人为某事而呼吁，时过境迁，早就不可知、不可说了。也就是说，如果我们一定要用某种故事来谈《诗经》，一定会有人站出来反对，反对的理由还不止一条。这样一来，读诗就会陷入争辩的丛林，诗篇的抒情会沦为无谓的说辞。

游国恩和同时代的大多数人一样，认为毛公、朱子一类的释经学家没有把握到抒情的真谛，他们的解释自然也就不值一提。特别是"二南"诗篇，毛公把故事往周文王那里引，释经学家一个接一个随流扬波，此后也不是没有异说，但总体来看，毛公的说法仍不可动摇。到了当代，我们能看到千奇百怪的说法，"虽亦间有通论卓见，然大抵各执其所是非以为是非耳。甚或一察自好，入主出奴。非迁即妄，求其能真得诗意者鲜矣。"（《先秦文学　中国文学史讲义》）谈《诗经》的各家各派，更多的是争论和传统观点的沿袭。在文学史家看来，争论的问题都是不值一提的，有些是小题大做的，甚至是无谓的。

二

游国恩主张，我们读诗时，要去想的问题是什么是诗意。在他所见的释经学著作中，这很少看到，真是令人悲叹。据游国恩说："大抵荏懦者标新以逢时，浅陋者护短而取巧。逢时则事事可以傅会，而庸众悦矣；取巧则一切可以抹煞，而成书易矣。"（《先秦文学　中国文学史讲义》）文学似乎人人都能谈论，上自大教授下到老百姓，只要能够写得差不多，总能满足一部分人的精神需要，甚至有些人故意"制造"满足大众需要的文字，"多快好省"地写作。对于严谨的文学史家来说，这样的写作根本不值一提。

后来游国恩放弃了追求诗意的读诗方法，开始主张一种文学现实主义的读诗方法。1963年，游国恩等主编的《中国文学史》由人民文学出版社出版，并作为高等学校文科相关专业教材使用。作为一部权威文学史，好几代人都学它，其中的观念也已经深入人心。比如，作者在书中首先明确了《诗经》是古代诗歌总集的文学概念，指出其主要特点是现实主义的文学性；并认为，诗篇表现现实的认识、实际的爱憎情感，表现朴素的文学，即"他们善于以朴素的语言描摹事物，以朴素的生活画面反映社会现实的才能"（游国恩等主编《中国文学史》）。至于《诗经》的作用，或其文学功能，就是让诗人成为人民的诗人，诗篇成为人民的诗篇："它推动诗人、作家去关心国家的命运和人民的疾苦，而不要把文学看成流连光景、消遣闲情的东西。历代民歌是它的嫡传，从汉魏乐府直到近代歌谣都深刻体现了这种精神，它们一直是人民手中最锐利的战斗武器。"（游国恩等主编《中国文学史》）按照这种现实主义的解释，《小星》篇表达的可能是打工人对自己生活境遇的一种不平之声。这种观点不是现代人的原创，《韩诗外传》中就有这样的解释。今本《韩诗外传》第一章就引了《小星》篇来说明打工人的命运：

话说曾子在鲁国莒邑当干部，拿的是年薪，一年粟三秉，这样的工资收入在官员中不算高。曾子为何要到鲁国任职？因为他要养家糊口，父母在世，孝的第一要义就是奉养，奉养离不开生活物资。所以，他必须出去打工赚钱才行。作为一个有担当的人，曾子干活儿不惜力，只要有工资，只要能养活家人，不管职位高低，也不管报酬多少，他都拼命地工作着。父母去世后，他就不再为了多一点口粮而心甘情愿地工作，而是可以自由地干事儿了。那时齐国、楚国、晋国都向曾子抛出"橄榄枝"，给他相、令尹、上卿等职位，可获千石左右的收入，而他选择了一个工资不高却有意义的职位。

曾子说，一个人有能力，却不为社会服务，那他绝对不是什么仁义之人；一个人自己受穷，连带着父母也吃不起饭，那他就谈不上什么孝敬的。一个人要挑重担、走很远的路，不会管休息的地方是不是舒服的；一个人要养家糊口，不会管工作是不是合适才去做的。穷困的时候，有事情做有工资拿，就可以了，挑三拣四是有问题的。认识到什么是要紧的，把紧要的事情完成，这才是我们正常人的生活。《小星》篇说"夙夜在公，实命不同"，就是这个道理。《毛诗》用的"寔命不同"，与韩诗不同。

我们把《韩诗外传》中关于曾子的故事用现代的话语讲述一下："科学家不怀任何私人利害打算去探索自然规律，艺术家不怀任何私人利害打算去追求生活真实，他们决不肯为了领取津贴去充当统治阶级的御用工具，决不肯歪曲自己的良心，怀着邪恶的意图进行颠倒黑白的论难攻击。就这方面来看，应该说他们具备了伟大性格，因此他们才写出了伟大作品。"（《王元化集》卷二《文艺评论》）当然，《韩诗外传》的故事增加了在不同境遇下的选择，在古人看来，首先要为亲人的生存而生存，其次才是个人的真实生活。如果我们放弃了责任，只是以个人的真实为真实，那就只是现代人的真实了。

不管怎样，按照《韩诗外传》的解说，把《小星》篇视为打工人的劳苦奔波之词是没有问题的。这是《诗经》的魅力所在：我们可以截取其中一句来说我们的故事，既可以用字面的意思，也可以用隐喻的意义。

三

文学的理解离不开哲学。抒情主义和现实主义，都是哲学的概念。"嗜彼小星，三五在东。"东边的小星闪烁，西边的小星更是灿烂。但不能止于灿烂星河，因为星河本身就是隐喻。我们要理解隐喻，则需要路标的指引。现实主义是一种，存在主义是另外一种。存在主义思想家海德格尔在1967年出版的《路标》中说，这部书只是希望读者对一条道路有所体察，这条道路只在途中向思想显露出来——既显示又隐匿。这是一条通向对思想之实事的规定的道路，可以说在这条路上杂草丛生，当然也有着各种风景。唯有持续不断地用力，努力去探讨，类似《韩诗》中的曾子，"凡投身进去，向着在老中最老者中的逗留行进的人，都要服从一种必然性，就是他以后必然会受到不同的理解，受到一种与他本人所认为的自我理解不同的理解"（《路标·前言》）。这就是"寔命不同"。也就是说，凡是理解都会是多重的，凡是真理都是错综复杂的，认为真理只有一个永恒的标准，那只能说这个标准是变化的标准，也就是所谓的易。我们可以将其理解为简单、容易、方便、变化和永恒。

海德格尔的《路标》一书，并不是一部逻辑完整的大书，只是十五篇论文的合集，包括书评、书序、后记、导言、讲座，以及论文等。看起来，它一点都不符合学术著作的规范，不过由于海德格尔的学术声望，他的任何一部书都值得人们反复研究，包括书名本身。那么，什么是路标？看起来，似乎首先是一种针对真理问题的清醒认识，以及由此出发反思我们在人生道路上探寻时所遇到的各种问题。路标有可能指出了一种方位，也可能指向了一种梦想的远方，也可能什么都没有，只剩下一块牌子。

我们看看海德格尔关于真理的讨论。真理，我们都很明白，因为人人都可以手握真理，人人皆能用它来衡量世界，当然也包括对《诗经》的理解。但海德格尔提醒我们，真理有流俗的真理、神学的真理、自由的真理等。手里掌握的真理，大多是一种流俗的真理，也就是符合的真理。一般而言，我们希望路标指向的是正确的方向，符合我们所希望的某条道路，这才是真理，否则这个路标就是假货。

简单来说，符合的真理是我们说某某是假的金子，是因为我们认定有一种真正的金子。虽然真正的金子和流通中、买卖中的金子不同，但我们知道某些是假的金子，是镀金，而不是真金。这就意味着，概念要与某种标准相符合，不相符合就是假的。凡是真的就是符合的，凡是假的就是不符合的，这就是真理。换到对《诗经》的理解，我们可以说，流俗的真理观认为，必然存在着一种符合历史事实的真的本义，而其他的解释都是假的，都是胡说。在这里，真理就是相符的、一致的东西，而且是一种双重意义的符合：一方面是事情与关于事情的先行意谓的符合；另一方面则是陈述的意思与事情的符合。诗篇必然是对事实的描述，而我们对于诗篇的解说必然是对这种描述恰到好处的严丝合缝的叙述。这样，必然会有所谓正确的叙述和不正确的叙述。而关于诗篇意义的解说，像《毛诗序》《毛诗传笺》之类的，在一定程度上还是路标，路标当然不是路，很多时候我们希望路标不仅指明了方向，还希望它就是路。

所谓"神学的真理"，是指物之所以存在，"只是因为它们作为受造物（enscreatum）符合于在intellectus divinus即上帝之精神中预先设定的理念，因而是适合理念的（即正确的），并且在此意义上看来是'真实的'"（《路标》）。简单地说，神学的真理认为，真理之所以成为可能乃是因为它是上帝所创造的世界的秩序，那么真理必然是符合这种秩序之规定的符合。

换成《诗经》的理解，则可以说，真理就是符合孔夫子或者其他某个人所创造的秩序，凡是不符合的一概是胡说八道。后来很多人之所以要全力地摧毁孔夫子编定的《诗经》，就是想从根子上彻底解决问题。解决之后，再重新弄出一套神话来，这就是民间歌谣的神话。因为，这样的说法是一种理性的认识，"世界理性为自身立法，从而也要求其程序具有直接的明白可解性"（《路标》）。这样的真理，是人人可以直接理解的，是立即可见的，当然也是普遍有效的和不言自明的。现代的释经学者认为早期的路标，无论是宋代的朱子还是汉代的毛公，都是古代神学的产物，这种神学就是以儒学的神圣性为基础，以权力的奥援为平台的无处不在的牢笼，因此需要予以破除，而后，再用新的方法对它进行解读。所以，我们翻开大量的注解本，大都会有一个新的解题，这种解题的最大特征是用现代神学观替代了古老的神话。毫无疑问，这些都是神话。问题是，故老相传的神话，可能还有一点人间秩序的追求，而新的神话学将这一点尽数抛弃，只留下一些立即可见的东西。

[经]

上述两种真理的观念都是符合论的观念。比如，硬币是圆的是真理，硬币是金属的是真理，硬币是金黄色的是真理，这都是符合的。可是，圆的、金属的、金黄色的之间却没有直接的联系，是完全不同的陈述，怎么和硬币这个物就符合了呢？这是不是意味着我们有不同的真理呢？海德格尔认为，说A是B的这种符合真理背后说明了一个事实，即在"一个敞开领域之中……存在者作为所是和如何是的存在者，才能适得其所并且成为可言说的（sagbar）。而只有当存在者本身像表象性陈述呈现自身，以至于后者服从于指令而如其所是地言说存在者之际……言说便是正确的（即真实的）。如此这般被言说的东西便是正确的东西（真实的东西）了"（《路标》）。也就是说，只有一个开放的、自由的世界存在，我们才能够有所谓真理的观念。

因此，所谓"自由的真理"，是"真理的本质乃是自由"。这就意味着"我们所思的却并不是真理，更不是真理的本质"（《路标》）。换成对《诗经》的解读，我们可以说，在对《诗经》的理解中，任何人都有与之相遇的可能，这种相遇本身就是真理。那么，是不是意味着任何人提出的对诗篇的解释都是准确的呢？是不是意味着我们可以随心所欲地相遇呢？事实上，绝大部分人终其一生不会相遇，更不会有什么解读，所以这个问题根本就不是一个问题。

相遇的人们，未必会有心思去提出什么解释，有时候可能是一种感动，有时候可能是一种理解，有时候可能仅仅是吟咏或者瞄了一眼罢了。只有嘒彼小星，没有寔命不同，那就是没有理解。理解的活动，如果是自由的行动，那么就是可以的，也是值得的；但是一旦有了其他的东西掺杂进来，比如意识形态，比如政治权力等，在某种程度上会消磨这种自由。"向着敞开域的可敞开者的自由让存在者成其所是。于是，自由便自行揭示为让存在者存在。"（《路标》）《诗经》作为一个文本，已经存在了数千年，它从来没有要求任何人要按照某种方式来阅读，也从来没有说过一定要读它，它就是《诗经》，而我们只是阅读它的人，读与不读均不能改造我们的人，甚至可以说，对于绝大多数不读它的人，也能体会到《诗经》中讲述的那些故事，因为它只是讲述了人的故事。

在此，自由就是一种自行其是、自成其是的参与，"由于这种参与，敞开域的敞开状态，即这个'此'（Da），才是其所是"（《路标》）。释经学的自由也是如此。如此看来，所谓的莫衷一是的解释根本就不是什么问题，恰恰相反，有莫衷一是的解释自由，才有了真正的学术自由，而定于一尊的权威则是一个封闭的状态。如果我们历史地看释经学，从古至今，但凡留下来的具有学术价值的阐释，莫不是自由参与的成果。

真理并不是正确命题的标志，并不是某个人类主体对一个客体所说出的，并且在某个地方有效的命题的标志；不如说，真理乃是存在者之解蔽，通过这种解蔽，一种敞开状态才成其本质。一切人类行为和姿态都在它的敞开域中展开。因此，人乃以绽出之实存的方式存在。（《路标》）

真理之所以会存在若干种不同，乃是因为人是存在者，是因为语言是存在者的语言，而存在和语言首先是我们生活的一种状态。在此过程中，我们是一个个不断学习者；同时，也在不断地述说着生活的故事，无论我们是否愿意，都在这种过程中探寻着。所以，我们对于各种思想之道说则需要谨慎地加以检验，因为"总有一天，他会做到，让这种道说作为最高的礼物和最大的危险，作为罕见的成功和经常的失败，处于神秘的东西中"（《路标》）。所谓的道说，可以理解为一种絮叨，这种絮叨的最大特征是反复和不确定性，也不可能被某些人永久的保持，事实上没有任何人有这样的能力。

从真理的角度来看，无论我们从上述哪一种真理观出发，"这些道说始终渗透着语词及其用法的根本多义性。道说之多义性的原因，绝不在于对那些随意出现的含义的单纯堆砌。这种多义性基于一种游戏，这种游戏愈是丰富地展开出来，就愈加严格地始终被束缚在一个隐而不显的规则中"（《路标》）。絮叨如同弹棉花，离不开棉花床，有丝线维系着絮叨，我们可以将其视为最高规律，"这个最高的规律就是自由，即一种释放到永不止息的变化所具有的到处游戏着的构造中去的自由"。弹棉花本身就是事件，当然是事件的过程和结果；同样，絮叨就"不是思想之表述，而就是思想本身，是思想的行进和思想的歌唱"（《路标》）。我们之所以仍旧要回到《毛诗》，仍旧要絮叨朱子，无非是要继续这种歌唱，这种歌唱不是风谣俚曲，而是思想的歌唱。

[经]

四

经典的阅读也是阅读。阅读就是不断邂逅的过程、运动和行为。我们所读到的，是另一表达者书写的文字，当经典成为经典之后，我们可以从文字中去感受这种表达，也可以从社会的生活中去体验这种表达，我们当然可以以一种存在主义的方式来邂逅经典，并让经典所承载的真理变成我们生活中的某种组成部分。在很多时候，我们不会，也不能单枪匹马去面对整个世界，我们处在一个人类世界之中，而非之外。同样，我们的经典阅读也不会更不可能是独自面对文本本身。如果是那样的话，文字其实成了一种秘传的心法，甚至可以直接取消。

文字的经典是我们祖先留给我们最宝贵的财富，他们早就离开了曾经生活的世界，如今我们在他们曾经生活过的土地上、世界中，继续一种人的生活。因此，我们与经典邂逅的行为，在某种程度上来说，其实就是与先人交流的过程，也是运动的旅程。大部分的道路已经形成，我们开始经典之旅，走的就是这些大路。如果一开始就想要在一片荆棘中，在原始森林里，寻找所谓的方向，那不是经典，而是炼狱。

走在经典之路上，路标是少不了的。总有热心肠的学人给我们留下一些路标，让我们知晓何种的道路、何种的方向，以及何种的真理。从毛公以来，郑玄、孔颖达、朱子、郝敬等原创释经学家，已经作出了他们的贡献。不管我们理会还是不予理睬，他们所指示的路标都会停留在那里，甚至在某种程度上来说，路标本身也构成了经典的文本，也成了一种经典的存在。我们当如何以存在的方式来思考这种存在呢？笔者，以另外一部以路标为题的著作为例说明。刘小枫教授也有一部"路标"，谈的是施特劳斯。

自20世纪八九十年代以来，越来越多的学人熟悉西方释经学名人施特劳斯。施特劳斯（1899—1973）和闻一多（1899—1946）是同龄人，两人毫无疑问都是古典学者，闻一多在学界的影响持续了一个甲子以上，施特劳斯的影响也从美国流播到了中国。他去世后几十年，不仅没有淡出学界，反倒日渐成为传奇，成为中外学者心目中的古典学殿堂中大师级人物之一。很多人为施特劳斯在中国学术界的传播做推手工作，刘小枫教授（下文简称"刘教授"）是其中之一。

施特劳斯曾听过海德格尔的课，可以视为海德格尔的学生。在《施特劳斯的路标》（*Leo Strauss als Wegmarke*，2011）一书中，刘教授是否在向海德格尔致敬？海氏书名是《路标》（*Wegmarken*）收录十五篇文章，刘教授著作收录文章五篇。没有星星的天空不成其为天空，没有文章的学者不成其为学者。学者大都是有文章来发表，他们一生耕耘，留下很多作品，而我们所知的或许也就是"嘒彼小星"而已。

海德格尔提醒我们注意絮叨的歧义和自由特征，刘教授也说："并非只要是施特劳斯的弟子就肯定手握施特劳斯思想堂奥的大门钥匙"，"何况，施特劳斯的弟子们歧见纷扰，我们究竟该听哪个弟子的说法呢？布鲁姆不仅是施特劳斯弟子，而且与施特劳斯似乎情同父子，以至于人们会认为，布鲁姆的柏拉图《王制》（笔者按：我们所熟知的《理想国》）义疏最贴近施特劳斯笔下的柏拉图。"事实并非如此，相反，所谓"施特劳斯派"都是絮叨的传言，"施特劳斯在美国学术重镇芝加哥大学执教近二十年，教书育人，默默无闻。尽管时有著述问世，挑战思想史和古典学学界的主流治学路向，生前却从未成为学界声名显赫的名人"（《施特劳斯的路标》）。不只刘小枫这么说，扎科特说，施特劳斯"在自己的学科领域内颇有名声也饱受争议，却从未获得公共领域的声誉"（《施特劳斯的真相》）。和海德格尔、阿伦特、罗蒂等公共知识分子比起来，他就是一位象牙塔中的学者，默默无闻地过了一辈子。

施特劳斯的学术声望建立，在中国也并非一帆风顺。和他同时代的伽达默尔《真理与方法》的诠释学，比他早一点的海德格尔《存在与时间》的现象学，更别说什么哈贝马斯、德里达、福柯等，都在世纪之交的几十年中风行知识界。施特劳斯的大名，在很大程度上是被他一众弟子们、媒体和政客们捧起来的，学术与政治的合流，让他"已然成为在华盛顿呼风唤雨的人物"。在释经学领域中，言古典学必谈施大师，并非夸大其词。

施特劳斯的教学成果是全面重读古典作品，从柏拉图到尼采，从苏格拉底到马基雅维利，尤其重要的是他重新翻译和绎读柏拉图的作品。（《施特劳斯的路标》）他带着学生读经典，类似于南北朝的释经学大师，做注疏之学。但刘教授指出，并不是因为有了这么一号人我们才搞释经学，相反正是因为释经学本身有意思，我们才捎带关注他。"如果我们着眼于从施特劳斯那里得到某种教义式信条，一开始就错了。施特劳斯是否有隐微教诲——无论这教诲是什么，并不是值得我们关心的事情：施特劳斯以身作则的是敬重和细读古典文本，与历代思想大家一起思索真正属于政治哲学的问题。"（《施特劳斯的路标》）施特劳斯风向所及，一时间很多人开始搞拉丁文、希伯来文之类的，《理想国》成了畅销书，关于王制的讨论也成了热门话题。刘教授本人更是身体力行，著述等身，以至于我们在谈释经学时，不谈施特劳斯似乎就很不学术，至少不前沿、不国际化。不过，施特劳斯的亲传弟子曾说："施特劳斯的解经非常启发人，其结论却明白告诉我们，并没有什么更高的启示等待着更成熟、更聪明的专家，有的只是一种可以成为希伯来阿维罗伊主义的东西。"（《施特劳斯的路标》）

刘教授的《施特劳斯的路标》一文提到了古代的诗歌，柏拉图、亚里士多德、尼采、海德格尔、德里达等。"寻找古老的真正的诗人，成了现代某类哲人的历史使命。对于尼采来说，诗人代表原初的生存真理，寻找古老的诗人，就是寻回原初的生存真理。诗人用言语歌唱，要找到古老的诗人，首先得搞懂古老诗人的言语。对于现代人来说，这已经难乎其难。"（《施特劳斯的路标》）施特劳斯的阅读方式叫作悉心阅读（careful reading），要从中懂得古典是一种生活方式，并决定自己是否愿意过这种生活。

施特劳斯反对价值中立的科学观念，反对相对主义，倾向于古典哲学，他认为不介入价值判断就不可能对人类事物发表意见，也就没有办法分清楚什么是丑恶、什么是良善，更别说追随高尚、鄙视低俗了。1936年，施特劳斯出版《霍布斯的政治哲学》，其中主要的观点是：在人类生活中，情感的作用大于理性，因为它更有力，更重要，更权威。1953年出版的《自然权利与历史》，是他的代表作，讨论了古典的和现代的自然权利，也就是古典的道德准则所揭示的作为人的自然本质的理性。值得注意的是，古典（或者说哲学）是一种生活方式，并非意味着仅有此一种，而是说，它可能只是人类中极少数人才可以践行的生活方式。施特劳斯本人没有上电视，没有写报纸文章，也没有主流的报纸发表他的文章以及对他的著作的评论文章，纽约的大报上没有一篇关于他的书评。总之，作为生活方式的释经学所要求的这种所谓的细心阅读并非古籍的整理校勘，而是要搞清楚作者的写作意图，即作者到底在说什么。

书本知识很大程度上在解决曾经如何的问题，而且是以一种意识形态的方式加以解决的，过了几年或者若干年又要改弦更张，更换教材，但是生活却没有办法替换，人还是那个人，生活依旧是那个生活，哲理就在这里，而不是远方。试图在远方找到诗和梦想，终将在铁轨上完成春暖花开。

说到底，耶路撒冷和雅典的问题对哲人更重要。当然，耶路撒冷是隐喻，雅典更是隐喻中的隐喻。因为我们不是属于他们，他们也不属于我们，这绝非什么赋比兴可以解决的问题，借用刘教授所引用的卡夫卡的小说，在一个全民族都会诗歌，谁都在谈论诗歌的时代，我们应该以什么样的方式去认识我们的生活才是最重要的问题，这里，释经学当然可以作为一种生活方式，就看人们是否有这样的勇气了。

说到底，在哲人看来，"嘒彼小星"并不是问题，"寔命不同"所要表达的才是我们要关心、关切和思考的问题。有了这些路标的指示，我们可以沿着古今中西的学人曾经走过的、想过的路前行，不把《诗经》当作一个老古董、旧花瓶和不可言说的文物，而是通过它启发我们的思考，讲述我们这个时代的故事。在我们反复的思考、言说、叙事中，"夙夜在公，寔命不同"才成了可能。

（作者单位：国家图书馆）

说漏刻

郭明仪

漏刻是古人创制的计时仪器，漏是漏壶，刻是箭刻，箭上标示时间刻度，利用从壶中漏出的水或其他介质的量表示时间的长短，又称刻漏、漏、漏壶、壶漏等。漏刻自产生以后，直至清末，一直是我国主要的计时工具，广泛运用于人们的生产生活中，在王权政治的礼仪活动中，发挥了重要的作用。同时，漏刻也是辅助天文观测的仪器。

时间与古人的生产与生活息息相关，古人十分重视时间，《周礼》中"鸡人""挈壶氏"与"司寤氏"皆为执掌时间之官，到唐代，执掌时间的官员已经达到千人。《周礼》记载了不按照规定时间做事的惩戒措施，《周礼·夏官·大司马》云："田之日，司马建旗于后表之中，群吏以旗物鼓铎镯铙，各帅其民而致。质明弊旗，诛后至者。"〔（清）阮元校刻，方向东点校《周礼注疏》，载《十三经注疏》，中华书局 2021 年版〕举行田猎那天，大司马在后表与第二个表之间竖立旗帜，官吏们举着旗，携鼓铎镯铙等率领众民到来。天亮时，大司马放倒旗帜，诛杀后到的人。

观诸历代书籍，凡涉及重要礼仪活动、天文观测、农事生产等各个方面，多有漏刻计时的文献记载，漏刻从最初简单的计时工具，经过发展，已然成为一种文化象征，那么，漏刻起源于何时？其与天文历法的关系如何？在礼仪活动中又有什么样的作用呢？

漏刻计时起源甚早，《初学记》引梁《漏刻经》云："漏刻之作，盖肇于轩辕之日，宣乎夏商之代。"〔（唐）徐坚辑《初学记》，中华书局1985年版〕《隋书·天文志》云："昔黄帝创观漏水，制器取则，以分昼夜。"〔（唐）魏徵等《隋书》第二册，中华书局2019年版〕认为漏壶可以追溯到黄帝时期。学者亦提出"漏壶起源于公元前三四千年的父系氏族公社时期，发展于夏商时代"的观点，先民从裂开的陶器中观察到水滴的流失反映出时间的流逝，从而逐渐形成漏壶用以计时的概念。（中国天文学史整理研究小组编著《中国天文学史》，科学出版社1981年版）依文献记载，《周礼》夏官系统的挈壶氏即为掌管漏壶的职官，其职官下设置下士六人、史二人、徒十二人，《挈壶氏》云："凡军事，县壶以序聚柝；凡丧，县壶以代哭者。皆以水火守之，分以日夜。及冬，则以火爨鼎水而沸之，而沃之。"（《周礼注疏》）凡军事行动，挈壶氏负责悬挂漏壶计量时间，以便轮替更换击柝的巡夜人；凡丧事，挈壶氏负责悬挂漏壶以便更换代哭者。挈壶氏都准备好水火守候，并负责区分昼夜。到了冬天，挈壶氏则负责烧沸鼎中的水，再注入壶中。挈壶氏须"以水火守之"，加水保证漏壶中的水不会干涸，用火则为了夜间照明，"分以日夜"则是每天昼夜长短皆有变化，须进行区分，即郑玄所云"异昼夜漏"。到了冬天，用沸水浇入壶中是为了防止冷水结冰。《周礼》所记漏壶形制，目前尚无出土文物印证。

据《史记·司马穰苴列传》记载，春秋末期，漏壶已经在军事行动中作为计时工具使用，当时晋国、燕国攻打齐国，齐景公命司马穰苴率领军队抵抗，命庄贾为监军，司马穰苴与庄贾约定第二天中午在军门会合。第二天，司马穰苴先到达军门，然后"立表下漏待贾"，立表是立木观测日影，下漏是悬挂漏壶知晓时刻，庄贾中午未到，司马穰苴推倒表，中断漏壶漏水，表明庄贾失期，依照军法，将其斩首示众。可见，在春秋时期，古人已经运用漏壶计时，并且在周代，漏刻计时已经有了系统的职官体系。

漏刻计时以百刻制使用时间最为长久，将一天等分为一百刻，昼夜长短比例每天都有变化，阎林山、全和钧两位先生在《论我国的百刻计时制》〔中国天文史整理研究小组编《科技史文集》（六），上海科学技术出版社1980年版〕一文中，依据最早记载的冬至与夏至昼夜长短比例，以及对"商""刻"二字的分析，推知"百刻制的产生当在商代，尤其是在盘庚迁殷后的可能性更大些"。冯时先生提出："商周甲骨文和金文的'录'字就是漏壶的象形，这种漏壶应该悬挂使用，因此也就是《周礼》所记载的挈壶。商人将与中日相对的夜半之时称为'中录'，这一时辰即以漏刻计时所确定。"（冯时《中国古代物质文化史·天文历法》，开明出版社2013年版。另，冯时先生在《殷代纪时制度研究》中有详细论述，参见《殷代纪时制度研究》，载《考古学集刊》，科学出版社2006年版）冯时先生亦提道："一日百刻之制来源于中国古老的十进制传统。"（冯时《中国天文考古学》，中国社会科学出版社2021年版）当然，对于百刻制的产生年代，陈侃理先生在《十二时辰的产生与制度化》（《中华文史论丛》2020年第3期）一文中提出不同的观点，以为"西汉中期以后，大体施行昼夜百刻之制"。虽然百刻制的产生年代存在争议，但根据文献记载，至迟在东汉时期百刻制已经形成了官方的制度与规范。

从出土文物来看，现存最早的漏刻计时工具是西汉铜漏，共有八件，分别是：陕西兴平出土的兴平铜漏，河北满城刘胜墓出土的满城铜漏，内蒙古伊克昭盟杭锦旗出土的千章铜漏，山东巨野县红土山西汉墓出土的巨野铜漏，陕西西安出土的凤栖原铜漏，江西南昌海昏侯刘贺墓出土的铜漏，汉文帝霸陵出土的两件一高一低的铜漏。以上西汉铜漏都只有一个漏壶，可以称为一级漏刻。漏壶计时方法主要有两种，一种依靠水位的降低计时，一种依靠水位的升高计时，因此漏壶可以分为沉箭漏与浮箭漏。

早期的漏刻以沉箭漏为主，其形制与计时原理，以内蒙古伊克昭盟出土的西汉河平二年（公元前27年）制千章铜漏为例，此铜漏由壶体与壶盖构成，壶体呈圆筒状，壶体下端有出水孔，下有三足，壶盖上有双层提梁，壶盖与提梁上皆有小孔，用以插入标有刻度的箭，箭下端连接木片或竹片，称作浮舟（或箭舟、舟），最初在铜壶中注满水，随着水的流出，浮舟与箭皆随之下降，从而可以读取刻度数。

千章铜漏属于单壶沉箭漏，使用这种漏壶计时存在较大的误差，由于壶中水量逐渐减少，水压发生变化，导致箭刻无法均匀测算时间。于是，在汉代又出现了二级漏刻，即在箭壶上再添加一个漏壶供水，则下壶箭舟随水的增多而上移，这种漏壶是浮箭漏。汉魏隋唐以来，相继发明了三级、四级漏刻，使得漏刻计时的精确度得到了提升。北宋天圣八年（1030），燕肃发明

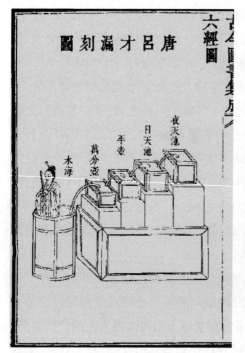
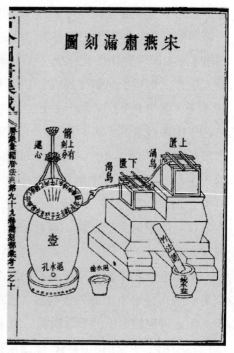

四级漏刻　　　　　　　　　　　　莲花漏

了莲花漏，此漏首次采用漫流式分水系统，使得漏刻精确度得到了进一步提高。燕肃莲花漏在漏壶之间添加一个减水盏，在下柜的上方开一个漏孔，由于上柜注入下柜的水流量大于下柜注入箭壶的量，因此多余的水流入减水盏中，从而保持下柜水位的基本恒定。学者根据复原实验，测得"莲花漏每昼夜测时的平均标准误差约为十八秒"（吕传益《璇玑玉衡：天文观测与仪器台站》，中州古籍出版社2020年版），较西汉单壶沉箭漏的精度，已经取得了极大的进步。

浮箭漏的计时原理，以现藏于我国国家博物馆之三级铜壶滴漏为例，此漏于元延祐三年（1316）铸造而成，是我国除出土西汉铜壶滴漏之外现存最古老的铜漏，此漏由四个铜壶组成，自上而下分别为日壶（日天壶）、月壶（夜天壶）、星壶（平水壶）和受水壶，上面三壶下端皆有一个出水龙头供水流出，受水壶壶盖正中竖立铜刻度尺，自下而上刻有子至亥十二时辰，铜尺前放置浮箭，下连浮舟，水位上升则可以根据浮箭读取时间。

［ 经 ］

　　元延祐铜壶滴漏以十二时辰与百刻结合计时，早在六朝时期，百刻已经分配十二时辰，《隋书·天文志》记载："至天监六年，武帝以昼夜百刻，分配十二辰，辰得八刻，仍有余分。乃以昼夜为九十六刻，一辰有刻全八焉。"天监六年（507），梁武帝用昼夜百刻分配十二时辰，一辰得八刻有余，于是改昼夜为九十六刻。又宋王溥《五代会要》（上海古籍出版社2006年版）卷十引晋天福三年（938）二月司天台奏议云："夫中星昼夜一百刻，分为十二时，每时有八刻三分之一。"晋天福三年二月，司天台上奏说："以中星考察昼夜为一百刻，平分到十二个时辰，一个时辰有八刻又三分之一刻。"可以看出，百刻制与十二时辰不具备整倍数的对应关系，一个时辰等于八又三分之一刻，将时辰换算到百刻后，将产生三分之一刻的畸零，计数颇为不便。早在西汉时期，帝王即曾对百刻制进行改革，《汉书》记载，汉哀帝建平二年（公元前5年）六月，推行甘忠可提出的一百二十刻制，八月即因改制"违经背古，不合时宜"而废除，恢复百刻制。王莽居摄三年（8），改用一百二十刻制，使用时间亦十分短暂。《隋书》记载，梁武帝天监六年曾推行九十六刻制，一个时辰有八刻，到大同十年（544）又改用一百零八刻制，陈文帝天嘉年间（560—566）复用百刻制度，一直沿用到明末。《清史稿》记载，汤若望论《时宪历》四十二事之一即是改定昼夜为九十六刻，百刻制遂被废除。

　　古人规定一天为一百刻，又规定一天为十二时辰，那么，如何将百刻具体划分到每一个时辰呢？依元代赵友钦《革象新书》所记，每一个时辰有八大刻二小刻，十二时辰共九十六大刻二十四小刻，前文提到，一个时辰有八刻又三分之一刻，此处刻即大刻，则二小刻与此三分之一大刻同，因此一小刻为六分之一大刻。十二时辰每个时辰平分为前后两个部分，前后各为四个大刻一个小刻，分别称为初初、初一、初二、初三、初四、正初、正一、正二、正三、正四，初四和正四为小刻，其余皆是大刻，顾炎武《日知录》则将初初与正初视为小刻。宋代以来，古人将每个时辰均分为前后两个部分，称为初和正，即子时分为子初和子正，丑时分为丑初和丑正，依次类推，共分为二十四个小时，小时之名即由此而来。

　　除了铜壶滴漏之外，历史上还出现了称漏（又称称水漏刻、水称等）、马上漏刻、沙漏、辊弹漏刻、星丸漏、碑漏、宫漏、行漏、几漏、盂漏、田漏、香漏等，以及作为水运仪象台的一部分配合浑仪、浑象观测天象。据《隋书》记载，称漏是北魏道士李兰发明的，隋唐时期曾得到了广泛应用，华同旭先生《中国漏刻》、吴守贤与全和钧二位先生《中国古代天体测量学及天文仪器》皆有阐述。此外，宋神宗熙宁六年（1073），宣州（今安徽宣城）大旱，井水枯竭，百姓用水艰辛，是时出现了百刻香用来计时，其所用的香料、配比以及制作方法在宋代陈敬《香谱》等著作中有详细的记载，这在一定程度上弥补了水量不足带来的缺陷。南宋薛季宣《序辊弹漏刻》云："今之为晷漏者，其法有四：一曰铜壶、曰香篆、曰圭表、曰辊弹。"〔（宋）薛季宣撰，张良权点校《薛季宣集》，上海社会科学院出版社2003年版〕晷是测日影的仪器，即薛季宣所说的圭表，漏是计时工具，即铜壶、香篆、辊弹。辊弹是用弹丸沿着曲折的管道滚落用以计时。香篆即刻木或者金属为篆字模具，在其中填充香粉，点燃后可以计时。可见，在薛季宣所处的南宋时期，香篆计时已较为普遍。

根据古籍记载可知，漏刻与天文历法亦具有十分密切的关系。古代的天文与历法是不可分割的，古代天文学即包括天象与历法两个部分，天文是天象的规律，历法是安排年月日的法则，年月日等时间的安排与计算，是古人长期观察天象与物候变化总结的规律，从而合理安排人事与农业活动，因此对时间的划分既可以联结天文，又可以反映历法和人文。《隋书·天文志》云："揆日晷，下漏刻，此二者，测天地，正仪象之本也。"度量日晷，测量漏刻，这两者是测天地、正仪象的根本。而漏刻在古代职官系统中多属于天文机构，如明代钦天监曾设置天文、漏刻、大统历、回回历四科，掌管漏刻计时与测量中星等，可以窥见漏刻与天文观测的密切关联。

漏刻计时是古人将日这个时间单位更为细致地划分，古代的计时法主要是时辰计时与时刻计时，二者都经历了漫长的时期。根据甲骨文记载，殷商先民将一天分为日与夕两个时段，也就是白天和夜晚，后来分为旦、午、昏、夜四个时段，在一日四时的基础之上，又产生了将一日等分为十个时段、十二个时段、十五个时段等计时方式，以使用最久的十二时辰为例，《左传》杜预注提到的十二时辰名称分别是：夜半、鸡鸣、平旦、日出、食时、隅中、日中、日昳、晡时、日入、黄昏、人定。时辰计时与太阳位置的变化是有密切关系的，也就是古人根据观测到的天象来确定一天具体的时辰，十二时辰又可以与十二支结合，即子、丑、寅、卯、辰、巳、午、未、申、酉、戌、亥，夜半对应子时，人定对应亥时。又《隋书·天文志》记载了一日分为十个时段的制度，昼夜各五段，昼有朝、禺、中、晡、夕，夜分甲、乙、丙、丁、戊，夜晚五段又称为五更。百刻、十二时、五更在《准斋心制几漏图式》等书中同时标注（下图）。

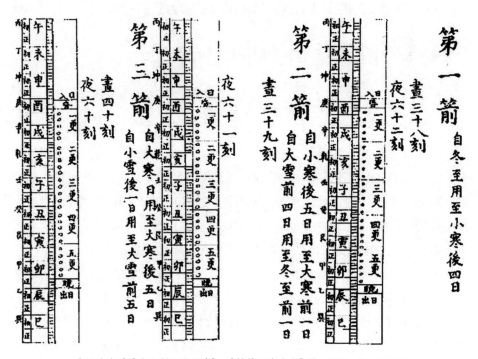

宋孙逢吉《准斋心制几漏图式》，《续修四库全书》第一〇三一册，69页

漏刻在西汉初已用于天文观测，《汉书·律历志》记载，汉武帝元封七年（公元前104年）改历，确定东西方向，设置晷仪、漏刻观测二十八宿赤道距度，最终确定月相的朔晦弦望与春分秋分、夏至冬至和太阳运行距离的远近。此项记载反映了漏刻与星宿和日月运行所在的关系。运用漏壶测定恒星间赤道距度的方法，陈美东先生提道："当甲、乙星先后过南中天时，由漏壶先后读出相应的刻数C、D，将（D－C）化算为周天度数，即为甲、乙星的赤道距

度。"（卢嘉锡总主编，陈美东著《中国科学技术史·天文学卷》，科学出版社 2003 年版）《隋书·天文志》也提到西汉孝武帝刘彻时，考定星历，用漏刻测量周天度数。虽然下文指出这样的方法"未能尽其理"，不能完全符合发展规律，但当时人们已经认识到漏刻与天文观测可以结合使用，东汉四分历已经载有二十四节气的太阳所在位置、黄道去极度、晷景长度、昼夜漏刻长度与昏旦中星赤道宿度等数据表格。自此以后，中国古代历法关于以上数据的计算也逐渐形成系统，如张培瑜等先生曾列出二十四节气昏旦中星赤道宿度与太阳所在赤道宿度、周天度以及昼夜漏刻长度的计算公式：

$$旦中星度 = 二十四节气太阳所在赤道宿度 + 周天度 - \frac{昼漏刻 \times 周天度 - 夜漏刻}{200}$$

$$昏中星度 = 二十四节气太阳所在赤道宿度 + \frac{昼漏刻 \times 周天度 - 夜漏刻}{200} + 1$$

依此书所言，东汉四分历、景初历、元嘉历、大明历皆可用这两个公式计算二十四节气昏旦中星赤道宿度，从而校正史书等的载录之失。（张培瑜、陈美东、薄树人等《中国古代历法》，中国科学技术出版社 2007 年版）此后历法相关数值的计算以及漏刻长度的计算方法，张培瑜等先生此书以及陈美东先生《中国古代昼夜漏刻长度的计算法》等文章中皆有详细的论述。

前述公式涉及两个重要的时间点昏旦（昏明）时刻，古人对此有明确的规定，张闻玉先生提道："秦汉以前，大体是日出前三刻为旦，日没后三刻为昏。秦汉以后改三刻为二刻半，一直用到明末。"（张闻玉《古代天文历法讲座》，广西师范大学出版社 2021 年版）东汉四分历、元嘉历等历法中皆有昏明时刻的记载，大抵以二刻半为限。汉代以后将一天分为昼漏刻与夜漏刻两部分，旦至昏时间长度为昼漏刻，昏至旦时间长度为夜漏刻。又《后汉书·律历志》记载，汉代有官漏与夏历漏两种漏刻制度，官漏以九日增减一刻，即冬至后昼渐长夜渐短，昼漏九日增一刻，夏至后昼渐短夜渐长，昼漏九日减一刻，但这种漏刻制度不如夏历漏严密，夏历漏以太阳距离北极的度数变化二度四分为标准增减一刻。对昏旦时刻以及漏刻制度等不同的规定，形成了同一节气不同的昼夜漏刻记载，以春分为例，马融以昼漏、夜漏各五十刻，蔡邕、郑玄以昼漏五十五刻、夜漏四十五刻，东汉四分历以昼漏五十五刻八分、夜漏四十四刻二分。分是刻更为细致的划分，一刻等于十分。在不同历法中，同一节气昼漏与夜漏也有差异，但大体以百刻制来计算，若昼漏刻与夜漏刻之和不等于一百刻，如东汉四分历大寒这天，昼漏四十六刻八分，夜漏五十三刻八分，二者相加等于一百刻六分，当有一误，张培瑜等先生查考此历中与大寒对称的小雪节气昼漏刻46.7，夜漏刻53.3，以为"大寒'夜漏刻'以53.2为宜"。（《中国古代历法》）

昏旦时刻不是固定不变的，漏刻指示时间的箭，不仅在一年中需要不断改换，而且对其制定的制度在历史发展中也得到了改革，如《周易乾凿度》〔（汉）郑玄注《周易乾凿度》，《景印文渊阁四库全书》第五十三册〕卷下郑玄注云："太史司刻漏者，每气两箭。"汉代曾设置太史掌管漏刻，郑玄提到一个节气使用两支箭。《诗经·齐风·东方未明》孔颖达疏云："一年有二十四气，每一气之间又分为二，通率七日强半而易一箭，故周年而用箭四十八也。"〔（清）阮元校刻，方向东点校《毛诗注疏》，载《十三经注疏》，中华书局2021年版〕孔颖达谓一年二十四节气，每一节气使用两支箭，一年共用四十八支箭。又《隋书·天文志》记载："漏刻皆随气增损。冬夏二至之间，昼夜长短，凡差二十刻。每差一刻为一箭。冬至互起其首，凡有四十一箭。"《隋书》提到昼夜漏刻会随着节气或增或减，冬至与夏至之间差二十刻，每一刻使用一支箭。冬至互起其首，一年一共使用四十一支箭。文中提到冬至与夏至之间差二十刻，一刻更换一箭，然而共使用四十一支箭，原因为何？陈美东先生在《中国古代的漏箭制度》〔《广西民族大学学报》（自然科学版）2006年第4期〕一文中解释道："因昼与夜的漏箭是分别设置的，所以，实际上需用二支漏箭，加上冬至自身所用漏箭，需用四十二支，如果再虑及冬至和夏至的白昼可同用一支漏箭，故'凡有四十一箭'。"依郑玄注、孔颖达疏与《隋书》等记载，不同时代每年使用的箭数有差异。一年中漏刻不断更换漏箭的原因，汪小虎先生在《漏刻为什么要改箭？》（《自然辩证法通讯》2015年第2期）一文中以为这是"漏刻连续计时，分昼漏、夜漏两段交替进行，以日出、日落作为时间计量起算点来调节水位，为针对这种时间点的周年变化，而采取的适应措施"。以这种观点来看，漏刻与天文历法是分不开的。由于天文观测需要具体时刻，漏壶精密度也逐渐提高，可以说，二者在历史发展中是相互促进的。

除了官方颁布的历法之外，在甘肃敦煌遗书中也有不少有关漏刻的记载，张涌泉先生主编《敦煌经部文献合集》第八册（中华书局2008年版）《小学类字书之属》"阴阳部"下，列有"阴阳、寒暑、气候、四时、八节、四气、六律、六吕、闰腊、历数、盈缩、序伏、漏刻"。而《宋雍熙三年丙戌岁具注历日一卷并序》的八栏历日内容，邓文宽先生指出："第六栏为昼夜时刻，使用的是中国古代的百刻纪时制度，随节气变化昼夜互有增减，春秋二分日昼夜各五十刻。"（《邓文宽敦煌天文历法考索》，上海古籍出版社2010年版）

漏刻计时自产生以来，形成了庞大的职官体系，秦时国家即有太子率更执掌漏刻，《里耶秦简》亦有漏刻计时的记载，发展到唐代，据《旧唐书·职官志》统计，仅秘书省下天文机构司天台（按：唐代曾多次改换此机构名称，今据《旧唐书》称之）内，掌知漏刻的官员即高达四百余人。元代是我国天文学发展的重要时期，《太史院铭》记载，元世祖至元十六年（1279）在大都城东建灵台，此天文台共三层，下层是元代天文机构太史院的办公室，设有三局，分别是推算、测验与漏刻，中层按照八卦建造八室，陈列图书资料与天文仪器，巽室放置水运浑天壶漏，上层放置简仪与仰仪观测天象，简仪上有百刻环可读取时刻。汉代以后也产生了大量以漏刻记录具体时间的记载，《汉书》即记录了几次天现异象与国家大事的具体时刻。《五行传》记载，成帝建始元年八月戊午，即公元前32年八月戊午日，"晨漏未尽三刻"，有两月重现，成帝河平元年二月甲申，即公元前28年二月甲申日，日出赤色如血，无光，"漏上四刻半"才有些光亮。《外戚传》记载汉成帝去世时间是"昼漏十刻时分"。《武五子传》记载汉昭帝驾崩，霍光召刘贺主持丧礼，"夜漏未尽一刻，以火发书"。《东方朔传》记载汉武帝微服出行时间是"夜漏下十刻"，常称自己是平阳侯。这些记录都提供了宝贵的时间资料。

魏晋南北朝以后，漏刻应用已十分广泛，《隋书·经籍志》著录以"漏刻经"为名的古籍即有五部，皆为南北朝时期的著作，另有《杂漏刻法》《晷漏经》等专论漏刻之书。《隋书》作为官方修订的史书，首次著录漏刻著作，且为漏刻设置博士。汉朝亦产生了不少以漏刻为题材的文学作品，汉代崔骃、李尤皆撰有《刻漏铭》，魏晋南北朝时期，陆机、孙绰、鲍照、萧绎、陆倕、王褒等人亦有以"赋"或"铭"为名的论漏刻作品，这些作品或咏叹漏刻之妙用，或揭示漏刻之政治文化内涵，甚至在禅宗语录公案中，漏刻也作为禅师与他人的机锋对答之词，如宝志禅师答梁武帝"烦恼未除，何以治之"之惑，答语即有"在书字时节刻漏中"，皆反映了漏刻计时的日趋成熟与应用之广。萧梁王朝初兴，礼乐制度多所创革，对于漏刻，梁武帝亦十分重视，据《文选》李善注，梁天监六年，武帝曾以旧漏计时不准，敕命员外郎祖暅制作新漏刻，既成以后，陆倕为之文，题曰《新刻漏铭》。《梁书·陆倕传》记载，此文是陆倕奉敕之作（《梁书》著录为《新漏刻铭》）。此文由序和铭两部分组成，序中指明了梁武帝草创新器的原因："今之官漏，出自会稽，积水违方，导流乖则，六日无辨，五夜不分，岁躔阉茂，月次姑洗。"（《文选》，中华书局1977年版）并赞扬新漏之功用："以考辰正晷，测表候阴，不谬圭撮，无乖黍累。又可以校运筹之睽合，辨分天之邪正，察四气之盈虚，课六历之疏密。"（《文选》）陆倕在铭文中亦指出若漏刻无准，则会造成混乱无序的后果："世道交丧，礼术销亡。遽迁水火，争倒衣裳。击刀舛次，聚木乖方。"（《文选》）虽然下文紧接"爰究爰度，时惟我皇"，歌颂梁武帝造新漏之功德，但已然可以看出，漏刻在计时功用之外，还与政治秩序有密切的联系。如程章灿先生指出："漏刻的实际功用，本在测量时间，铭刻时间，而作为一种礼制，它又象征着制度之设置与权力的运用。"〔程章灿《重定时间标准与历史位置——〈新刻漏铭〉新论》，《中山大学学报》（社会科学版）2018年第5期〕许圣和先生在《王官与正统：〈昭明文选〉与萧梁帝国图像》（台湾元华文创股份有限公司2017年版）中将陆倕《新刻漏铭》放在梁、魏对峙的政治背景之下，又提出"漏刻之器往往可用来形塑'帝国正统'之礼器"的结论。漏刻在《艺文类聚》与《北堂书钞》中皆属"仪饰部"，亦从侧面反映了漏刻的政治地位日趋重要。

那么，礼仪活动作为古代上层社会生活的重要组成部分，漏刻在其中担任什么样的角色呢?《东方未明》毛亨序云："《东方未明》，刺无节也，朝廷兴居无节，号令不时，挈壶氏不能掌其职焉。"（《毛诗注疏》）"毛序"以为

《东方未明》这首诗讥刺朝廷"兴居无节，号令不时"，是因为"挈壶氏不能掌其职"。

又《后汉书·礼仪志》记载四时迎气礼：

> 立春之日，夜漏未尽五刻，京师百官皆衣青衣，郡国县道官下至斗食令史皆服青帻，立青幡，施土牛耕人于门外，以示兆民，至立夏。
>
> 立夏之日，夜漏未尽五刻，京都百官皆衣赤，至季夏衣黄，郊。
>
> 先立秋十八日，郊黄帝。是日夜漏未尽五刻，京都百官皆衣黄。至立秋，迎气于黄郊。
>
> 立秋之日，夜漏未尽五刻，京都百官皆衣白，施皂领缘中衣，迎气于白郊。
>
> 立冬之日，夜漏未尽五刻，京都百官皆衣皂，迎气于黑郊。〔（宋）范晔撰，（唐）李贤等注《后汉书》第十一册，中华书局1965年版〕

立春这天，夜漏未尽五刻，都城百官都穿着青色的衣服，郡国、县邑乃至职位低下的官员都戴着青色头巾，竖立青色的旗子，在门外安置泥塑的人牵着牛的形象，向万民展示重视农耕，一直展示到立夏。立夏、立秋、立冬皆在夜漏未尽五刻的时候行迎气礼。《后汉书·礼仪志》所记载的"夜漏未尽五刻"未必全部施行，但是漏刻在礼仪活动中已经作为一种计时标准是可以确定的，如陈侃理先生所云："制度设计以漏刻为准，说明漏刻作为时间秩序的标尺，已经具备规范功能，可以说是东汉官方的标准时制。"（陈侃理《十二时辰的产生与制度化》）

《元史·郊祀下》记载郊祀前皇帝斋戒的仪节：

> 致斋之日质明，诸卫勒所部屯门列仗。昼漏上水一刻，通事舍人引侍享执事文武四品以上官，俱公服诣别殿奉迎。昼漏上水二刻，侍中版奏请"中严"，皇帝服通天冠、绛纱袍。昼漏上水三刻，侍中版奏"外办"，皇帝结佩出别殿，乘舆华盖伞扇侍卫如常仪。奉引至大明殿御幄，东向坐，侍臣夹侍如常。一刻顷，侍中前跪奏"臣某言，请降就斋"，

俛伏，兴。皇帝降座入室，解严。〔（明）宋濂《元史》第六册，中华书局1976年版〕

　　郊祀天之前，皇帝先斋戒七日，散斋四日宿于外室，致斋三日宿于内室。此段记载的是皇帝致斋当日的仪节，分别规定了"昼漏上水一刻""昼漏上水二刻""昼漏上水三刻"需要做什么事，显然也是根据漏刻来计时的。

　　关于何为"夜漏未尽×刻""昼漏上水×刻"，华同旭先生解释道："上水×刻（上×刻）或下×刻（未尽×刻、不尽×刻），都是指相对某一特定时刻的时间而言的。'上'的起点，在昼漏，指日出前二刻半；在夜漏，指日入后二刻半。因此，所谓昼漏或夜漏'上×刻'或'上水×刻'，就是指分别距这两个特定起点的时刻。……所谓昼漏或夜漏'下×刻'、'未尽×刻'、'不尽×刻'，就是指夜漏将尽、相对于昼漏的起点还差×刻（或昼漏将尽、相对于夜漏的起点还差×刻）。"（华同旭《中国漏刻》，安徽科学技术出版社1991年版）华同旭先生同时指出，这些表述"均是用浮箭漏计时"。《后汉书》记载的四时迎气礼在"夜漏未尽五刻"，即距离昼漏起点还有五刻，加上昼漏在日出前二刻半，迎气礼的时间也就是日出前七刻半。《元史》所说的"昼漏上水一刻"也就是日出前一刻半，"昼漏上水二刻"是日出前半刻，"昼漏上水三刻"是日出后半刻。

　　蔡邕《独断》卷下记载百官"正月朝贺"之仪，其末云"鼓以动众，钟以止众。夜漏尽，鼓鸣则起；昼漏尽，钟鸣则息也"〔（汉）蔡邕《独断》，《景印文渊阁四库全书》第八五〇册〕。钟鼓在《三礼》中主要作为乐器使用，在汉代已经结合漏刻作为报时工具，此后都城下及一些地方府县建立高楼悬钟鼓报时以晓谕百姓，北宋以后称为钟鼓楼。《大业杂记》记载，隋朝都城洛阳乾阳殿前"东南、西南各有重楼，一悬钟、一悬鼓，刻漏即在楼下，随刻漏则鸣钟鼓"〔（唐）杜宝撰，辛德勇辑校《大业杂记辑校》，三秦出版社2006年版〕，明确记载钟鼓依漏刻而鸣。我们一方面可以看出钟鼓在历史发展中角色的变化，另一方面亦可以反映出漏刻在礼仪活动中发挥了重要的作用。

　　漏刻在物质形态层面是一种计时工具，但是历代新朝帝王对漏刻改革的重视，以及有关漏刻大量的文献记载，又不得不注意其背后所蕴含的深层含义，程章灿先生指出："任何一次新刻漏的制作，都不仅是一个简单的器具改良，而且是有关礼仪制度方面的调整甚至变革，是实现王朝对时间管理的重要政策，不仅具有礼仪制度上的象征意义，而且具有政治文化上的现实意义。"（《重定时间标准与历史位置——〈新刻漏铭〉新论》）漏刻计时历时既久，结合《周礼·挈壶氏》与《诗经·东方未明》，漏刻计时最初大概主要用于军事行动与日常起居，经过历代发展，探索出各式各样的漏刻形制，并形成了大量的漏刻制度，以致与天文历法以及人们的生活息息相关。礼仪活动作为国家大事，漏刻也发挥了重要的作用，我们阅读礼书或史书过程中，了解当时的漏刻制度以及漏刻表述的具体含义，有助于了解此一时期礼仪活动或国家重大变故的具体时刻。同时，漏刻作为敬顺天时与时间管理的客观物质呈现，其中也蕴含了丰富的文化内涵。

（作者单位：南京师范大学文学院）

"老泉"非苏洵、苏轼父子自号考论

单佳慧

"老泉"一号究竟何属,自南宋起即有争论,主要分为二说:一说为"苏洵说",即老泉为苏洵自号;一说为"苏轼说",即老泉为苏轼自号。从后世接受史来看,"苏洵说"的接受程度更高,南宋以来人多以此称苏洵,如陆游、周必大、吕祖谦等;但自南北宋之交叶梦得提出"苏轼说",明代郎瑛、焦竑、娄坚等人均持此说,并补充证据,于是形成了二说并行于世的局面,直到清代,双方仍各行其是。王文诰绾合二者,提出:

> 老泉者,公以称其父之墓也,集有《老泉焚黄文》可证。时惟苏氏子孙称之,后两宋文人震于其名,皆相沿称道,遂讹以为字,举目为苏老泉而有加以先生者矣。(《苏文忠公诗编注集成总案》)

"王说"跳出了"苏洵说"和"苏轼说"的范围,指出"老泉"是后人提出的名号。这一说法新人耳目,却应者寥寥,反而被当作反对"苏洵说"的证据。

新时期以来,学界对"老泉"之号争论纷纭,治丝益棼。周本淳(《苏老泉就是苏东坡》)率先发难,明确重申"苏轼说",刘法绥(《苏老泉是苏东坡补证》)、牛宝彤(《"苏老泉"到底是谁?》)、曾枣庄(《老泉非苏洵考》)等均对此持支持态度,王琳祥(《"老泉山人"是苏轼而非苏洵》)则系统总结了支持"苏轼说"的各方面证据。同时有闻虞(《〈苏老泉就是苏东坡〉小议》)、张培锋(《也谈苏洵的"老泉"之号》)等反对"苏轼说",闻虞认为证据不足,应断为待考;张培锋则认为苏洵、苏轼晚年均号老泉,应并存二说。从文献的考证来看,目前的文献资料虽能反驳"苏洵说",但支撑"苏轼说"则显得力不从心。本文通过考察各种文献记载和文本证据,深入反思各种说法的立足点,对二说进行了系统辩驳,并回应了王文诰的考证和结论。

一、"老泉"非苏洵自号

"老泉"一号所属虽争论不休,但来历清楚。"老泉"是三苏家乡老翁泉的简称,又称老人泉,是苏洵与妻子的合葬地。苏洵为亡妻选择葬地时听到老翁泉的传说,遂作《老翁井铭》:

> 他日乃问泉旁之民,皆曰是为老翁井。问其所以为名之由,曰:往数十年,山空月明,天地开霁,则常有老人苍颜白发,偃息于泉上。就之则隐而入于泉,莫可见。盖其相传以为如此者久矣……然余又闵其老于荒榛岩石之间,千岁而莫知也,今乃始遇我而后得传于无穷。遂为铭曰:……山空寂寥,或啸而嬉。更千万年,自洁自好。谁其知之,乃讫遇我。惟我与尔,将遂不泯。无溢无竭,以永千祀。(《嘉祐集笺注》)

又有《老翁井》诗一首:

> 井中老翁误年华,白沙翠石公之家。
> 公来无踪去无迹,井面团团水生花。
> 公今与世两何预,无事纷纷惊牧竖。
> 改颜易服与世同,毋使世人知有翁。(《嘉祐集笺注》)

按,两篇诗文内容关系紧密,应作于同一时期。《老翁井铭》为嘉祐二年(1057)作所,其时苏轼、苏辙均已考中进士,因母丧居家。苏洵有退意,梅尧臣得知,去诗勉之,即《题老人泉寄苏明允》,内容上看正是对《老翁井铭》《老翁井》诗的回应，"泉上有老人，隐见不可常。苏子居其间，饮水乐未央"，并劝苏洵再次携二子外出谋职，"方今天子圣，无滞彼泉傍"（《宛陵集》卷五十九）。从这一点来看，《老翁井》诗作为苏洵诗亦是合理的，因为梅尧臣的诗中有明显的劝勉之意，《老翁井铭》中以记叙故事为多，个人态度较少，《老翁井》诗则有"井中老翁误年华，白沙翠石公之家""改颜易服与世同，毋使世人知有翁"之句，与梅尧臣的回应相照应。朱熹称"老翁并诗，在老苏送蜀僧去尘之前，必非他人之作，然不见于《嘉祐集》，亦不省其何说也"（《晦庵集》卷八十四），已断其为苏洵所作。

然而此诗《嘉祐集》不载，反被当成苏轼之作，先后误入《施注苏诗·遗诗》及《苏文忠公全集·东坡续集》，至清文渊阁《四库全书》仍录于《补注东坡编年诗》，但于诗后作出说明。在曾枣庄、金成礼的《嘉祐集笺注》中，它则作为佚诗补入，并在诗后附有说明。从"井中老翁误年华"等句可以看出白首叹蹉跎之意，老翁井在三苏家乡，苏轼在家乡时尚处青春意气的时期，当不会作此语，后人搜罗苏轼作品极广，或由此误入。

以上是"老泉"一词的来历，我们可以看出苏洵笔下的"老翁"是传说中的形象，虽有自喻意味，但并非以此自称，梅尧臣提到的也是作为地名的"老人泉"，对苏洵的称呼是"苏明允""苏子"，"老泉"一词并未出现。

考察苏洵留传下来的文字可知，苏洵从未以"老泉"自称，且从交游来说，苏洵亦没有在与友人交往时使用过此名，流传后世的数十篇纪念苏洵的文字中也未提及这一称号。由此可见，"老泉为苏洵自号"一说确实可疑。

二、"老泉"非苏轼自号

"老泉"非苏洵自号，已如上述，那么就必然是苏轼的自号吗？下面，笔者从文献证据、实物证据两方面进行查考。

（一）苏轼说的文献证据再考

1.苏轼的交游

"无同时代人以老泉称苏洵"一向是支持"老泉非苏洵自号"的关键证据，但即使后人对搜集苏轼作品不遗余力，其实同样不见"老泉"的痕迹。

在传世文字中，苏轼从未以"老泉"自称，也从未有过与人以"老泉"之名往来的记录。苏轼一生交游广泛，使用过的名号众多，各个称号的接受程度难免有所不同。近人戚牧说："苏轼字子瞻，号东坡居士，此果尽人知之。又字子平，知者已鲜。至老泉居士，则皆以为乃父明允先生。"（《饭牛翁小丛书》卷一）苏轼字"子平"知者虽少，但那是苏轼与挚友兼表兄文与可之间的特殊称呼，有二人赠答诗文为证，与"老泉"这一从未出现在苏轼交游中的别号毕竟有所不同。且在苏轼去世后，为他作传立铭的人中也没有称苏轼为"老泉"的。

目前，学界认为苏轼在元丰、元祐年间始号"老泉山人"，此时距离苏轼去世尚有十余年，距离苏辙去世尚有二十余年，如果苏轼真的自号"老泉"，当不至于在这么长的时间内从未告诉他人，也从未见有人提及。

曾枣庄先生认为苏轼号"老泉"少有人知，是因为苏轼晚年"历经忧患，其所书字，往往不以示人。有黄庭坚《跋东坡叙英皇事帖》一文可证"（曾枣庄《老泉非苏洵考》）。黄庭坚原文为"手泽袋盖二十余，皆平生作字，语意类小人不欲闻者，辄付诸郎入袋中，死而后可出示人者也"（《豫章黄先生文集》第二十九）。其中"手泽"即未编成的《东坡志林》，黄庭坚说东坡尚未作完的书稿"手泽"不以示人，并没有说书信字画俱不示人。况且，东坡这些遗物多由苏辙及子侄整理，"手泽"他们是见过的，若苏轼当真在晚年用"老泉山人"号，不至于他们也从未提及。

2.南北宋之交的争议

南北宋之交的叶梦得（1077—1148）第一个提出"老泉"实为苏轼自号，他在《石林燕语》中说："苏子瞻谪黄州，号'东坡居士'，其所居地也。晚又号'老泉山人'，以眉山先茔有老翁泉，故云。"（《石林燕语》卷十）与这段话同时出现在《石林燕语》中的，还有另外几位北宋名家的名号。后人凡论此事，多引此为证，以其时代较早断为可信，并附上几句猜测。如明代焦竑称："世传老苏号老泉，长公号东坡，而叶少蕴《燕语》云：子瞻谪黄州，因其所居之地，号东坡居士，晚又号老泉山人，以眉山先茔有老人泉，故云……岂此号涉一'老'字，而后人遂加其父邪？叶、苏同时，当不谬也。"（《焦氏笔乘·续集》卷六）清代袁枚则称："'老泉'者，眉山苏氏茔有老人泉，子瞻取以自号，故子由《祭子瞻文》云：'老泉之山，归骨其旁。'而今人多指为其父明允之称，盖误于梅都官有《老泉诗》故也。"（《随园诗话》卷十五）

从叶梦得的交游来看，他确实有了解事实的条件，其生母是苏门晁补之的妹妹，他自己与苏迨（苏轼次子）、苏过（苏轼幼子）交好，曾在一处唱和。然而，叶说虽有正确的可能性，但不能因此就断为可信。与叶梦得时代相去不远的周必大、陈傅良、吕祖谦等人已称苏洵为"老泉"，如何能以叶梦得一家之说直接否定其余诸家？目前可见，最早称苏洵为"老泉"的是林敏功，他是苏诗较早的注者之一。苏轼在世时，其诗文集就已刊刻发行，亦有人开始为苏诗作注，元代李冶在《敬斋古今黈》中曾记录过苏诗有"四注本"，但未写明注者。目前以宋刊《集注东坡先生诗前集》及清代冯应榴、王文诰之说为据，笔者认为"四注本"作者为北宋末年的程缙、李厚、宋援、赵次公，"四注本"是现存最早的苏诗注。紧接着，是"五注本"，《集注东坡先生诗前集》的第四卷是一个"五注本"，除"四注本"作者外"新添"一人，据署名王十朋的《王状元集百家注分类东坡先生诗》对比可知，"新添"注者正是林敏功。

"四注本"和"五注本"均未单独保存下来，部分注文保存在《王状元集百家注分类东坡先生诗》中。《四库全书总目》对其编者有质疑，冯应榴、王文诰驳之，但据其避宋讳至"敦"字，当为光宗时期刊刻，判断为南宋中叶刻本。值得注意的是，这是一部集注本，也就是说这些注家此前应当还有各自的本子，注文的实际产生时间还要更早一些。《集注分类东坡先生诗》卷一《荆州十首》引林敏功注曰："庚子正月，先生（苏轼）与子由侍老泉自荆州游大梁。"（王十朋《王状元集百家注分类东坡先生诗》）今又可见于清人冯应榴辑注的《苏轼诗集合注》，这段话被曾枣庄先生认为是最早将苏洵称为"老泉"的记载。

林敏功，字子安，据考证活跃于北宋中后期，或至南宋初，曾在哲宗朝（约在元符年间）被征召，然拒不出仕，与弟敏修隐居终老。作为江西诗派的成员，与同属江西诗派的夏倪、饶节、谢逸、李彭、潘大临等人交往较多，徽宗时吕本中作《江西诗社宗派图》中即有林敏功。林敏功有一首《子瞻画扇》传世，为纪念苏轼之作，对苏轼当有仰慕之情。从时间和交游看，他都有亲近苏轼等人的可能，其记载的可信度显然并不低于叶梦得。

况且，以"老泉"称号的接受程度来看，两宋之际以"老泉"为"老苏"的情况相当普遍，不是由苏氏后人或亲友或同时人辩驳，而是由与苏轼交集并不多的叶梦得在苏轼去世二十余年后提出，依理不应直接取信。

（二）苏轼说的实物证据再考

1.《上清储祥宫碑》

至元代，关于"老泉"之号属于苏轼这一问题开始出现实物证据。最早的证据出自元人王恽，他在《玉堂嘉话》中提道：

> 《上清储祥宫碑》墨迹，皆后书"老泉撰"，商左山云："盖避党祸，故改云。"（《秋涧集》卷九十四）

王恽只是记录，并未作"老泉"归属于谁的判断，而曾枣庄先生、王琳祥先生则提出，商左山因不知道苏轼号老泉，才说署名为"老泉"是由于避祸，实则是苏轼题上了自己的号。显然，这一判断不够缜密。

首先，我们不能将"苏轼号老泉"作为一个已知的前提去否定商左山的猜测；其次，虽然王恽将《上清储祥宫碑》墨迹归在"东坡书"之下，但《玉堂嘉话》的成书于苏轼去世百余年后，是王恽见闻的记录，并非考证之文，归为苏轼手书不够稳妥；更重要的是，《上清储祥宫碑》是苏轼元祐年间于翰林学士承旨任上应诏所作，受到哲宗与高太后高度重视，为此苏轼还特地上书《撰上清储祥宫碑奏请状》请教相关事宜以便更好作文，行文中甚至用了"敢昧死请"这类严肃的句子。据许浩然考证，这篇文章是"苏轼在承旨任上耗时最长、思虑最详、用力最勤的一篇应制之作"（《从应制之作到"不朽"之文——政治语境与文化语境中的苏轼〈上清储祥宫碑〉》）。这样一篇严肃的、关乎皇家的文章，苏轼当不会在结尾题上他的号，更不会题上一个他不为人知的号，由此观之，这份墨迹很可能并非出自苏轼之手。

从当时的形势来看，避祸说是可能的，徽宗时期曾一度禁绝苏文，但文人百姓乐闻，遂千方百计保存，题他人姓名、混入他人诗集的情况均有记录。

既然该墨迹并非出自苏轼之手又得以流传至元，当是喜爱苏文的人收藏的。若不是为了避祸，为什么要题一个争议如此大，甚至不知是谁的名号？题为苏轼或东坡岂非更有价值？若此帖当真存于南北宋之交，为避祸题为"老泉"，倒是可以作为苏轼不曾号为"老泉"的证据。

2. "东坡居士老泉山人"印

在支持苏轼说的实物证据中提到最多的是苏轼有一方"东坡居士老泉山人"的印，这一证据最早出现在明代。目前所见最早出自郎瑛的《七修类稿》："又尝闻有'东坡居士老泉山人'八字共一印。"但郎瑛名不显，这条证据在焦竑手中流传开来，见于《焦氏笔乘》："坡尝有'东坡居士老泉山人'八字共一印见于卷册间。"但这两人均未表示亲眼见到。时代较两人稍后的娄坚第一个提出，他见到了这方印。其《记苏长公二别号》称：

> 东坡此书古淡遒劲，虽知好公书者，未必能识也。予尝见别本及士大夫家摹入石者，要当以此本为真正。又纸尾有"东坡居士老泉山人"印，盖公自黄还朝，既衰而思其邱墓，去作此书不远，两别号殆相继于元丰、元祐之间也。当日如宗室令畤，尝从公为颍州倅，亦札记及此。而南渡后，虽马端临之博，犹以老泉为明允别号。至本朝杨升庵，其该洽为一代所推，亦仍其误。（《学古绪言》卷二十三）

娄坚没有写出他看到的是哪篇文稿。考苏轼的文字流传，《楚颂帖》与娄坚的描述最为相符。第一，娄坚说"东坡此书古淡遒劲"，在明代文徵明为《楚颂帖》所作的题跋中有"而此实用淡墨，盖一时草草弄笔"，均提到此帖有"淡"的特点；第二，娄坚说"盖公自黄还朝，既衰而思其邱墓，去作此书不远"，《楚颂帖》作于元丰七年（1084）十月二日，该年苏轼四月离黄、五月赴筠、七八月过金陵、九月抵宜昌、十月作此文，次年辗转回朝，且苏轼也仅这一次贬谪黄州，与娄坚所说相去不远；第三，娄坚曾为《楚颂帖》作题跋，可见见过该帖。加之，作为证据的"东坡居士老泉山人"印并不多，《楚颂帖》为其中之一，姑论之。

《楚颂帖》原帖早已失传，目前所见有四种版本，均不能确定是原貌。

一是明代陈继儒《晚香堂苏帖》版，二是清代毕沅《经训堂法书》版，这两个版本字迹极相近，只是书写布局不一致，但均有"东坡居士老泉山人"印（印有不同）；而第三个版本与前两版差别很大，整体上字迹狂放，与前两版全不相同，这一版的结尾有"子瞻""东坡居士"二印，这一版本被收录于常州博物馆、徐州博物馆（简称"徐州版""常州版"）；第四个版本是四川一带的南宪版，内容有所简化，字迹从徐州、常州版，结尾有"苏轼之印""子瞻"印（余一印尚未识别，但与"老泉山人"无涉），篡改很多，当属伪造，不论。总体来看，一、二当为一个系统，三、四当为一个系统，其间是摹刻关系。

《楚颂帖》结尾明确写出"元丰七年十月二日书"，《楚颂帖》的内容是苏轼当时所思的一个记录，并无赠人打算，这样说来他在同一天内用两种截然不同的笔法来写同一篇文章的可能性并不大。王琳祥先生考证"徐州版"为徐州望族杨映权摹刻，与之相对的是《经训堂法书》版本。王琳祥先生认为杨氏的跋文有伪造之嫌，而《经训堂法书》版本是"正宗的东坡手书"。杨氏确有拼接、伪造之嫌，甚至即使从署名和印章的钤盖来看，杨氏的版本并不符合苏轼其他碑文所体现的习惯，但这些似乎都不能证明《经训堂法书》所摹刻的版本就是真迹。王氏所举的两个版本均是清代人摹刻，即使是"东坡居士老泉山人"印的这一说法也是明代才出现的，若想以此为证据，仍需要更多材料辨别《楚颂帖》的真伪。

另有《蓬莱阁记所见》一帖，结尾亦有"东坡居士老泉山人"印，《蓬莱金石书法家集粹》有录，原本来自清代姚学经《晚香堂苏帖》。它与《楚颂帖》的印略有不同，不排除是刻工的问题。但未见有人为此帖作题跋、未有流传记录，从字迹对比来看，亦不像苏轼手迹，且整篇布局近乎完美，落款处"轼""书"二字似有意缩小字体，为印章留出余地，这样的布局在苏轼的传世之作里亦不多见。清代姚学经版《晚香堂苏帖》向来饱受诟病，伪作实多。容庚在《丛帖目》中引用张伯英对姚学经《晚香堂苏帖》的评论，已斥此帖当属伪造。

但此帖作于元丰八年十月，与《楚颂帖》所作时间相隔大约一年，若有证据证明两帖为原貌，当有别论。

3. "老泉居士"印

郎瑛还提道:"而吾友詹二有东坡画竹下用'老泉居士'朱文印章。"(《七修类稿》卷十九)焦竑从之:"其所画竹或用'老泉居士'朱文印章,则老泉又是子瞻号矣。"(《焦氏笔乘续集》卷六)王琳祥先生采用了这一说法,"苏轼有'老泉居士'朱文印章一枚,常在画上钤盖"(王琳祥《"老泉山人"是苏轼而非苏洵》)。

《焦氏笔乘》对"老泉"号的看法与郎瑛《七修类稿》基本相同。郎瑛的生卒年为1487年至1566年前后,《七修类稿》的最终成书也在1566年前后,而焦竑(1540—1620)的《焦氏笔乘》约从其读书讲学时已开始编撰工作,据考证最终刊刻是在1580年,是晚于郎瑛的。郎瑛文中说,"吾友詹二有东坡画竹,下用'老泉居士'朱文印章",到《焦氏笔乘》便是"坡尝有'东坡居士老泉山人'八字共一印见于卷册间。其所画竹或用'老泉居士'朱文印章"。这里表述不如郎瑛确切,也并未言亲眼所见,当是从郎瑛而来。在郎瑛之前,苏轼或苏洵被提及的号一直是"老泉山人",从未提到过"老泉居士"及印章,虽然相差不大,但这一名号本就使用不多,当也不会随意更改、反复刻章。"老泉居士"在明代忽然出现,是可疑的。检"老泉居士"最早出现于明洪楩的《清平山堂话本》,一部话本小说集,后在《五戒禅师私红莲记》中将"老泉居士"用作苏洵的号。据考证《清平山堂话本》编订于1541年至1547年,于1547年末刊刻发行,早于郎瑛与焦竑,不知二人有无受此影响。但"老泉居士"在南宋至明初均无人提及,首次出现在一部话本小说集当中,可信度不高,则"老泉居士"印亦有后人伪造的可能。

近人戚牧提出"原版《晚香堂帖》尾有'东坡''老泉'二印,钤苏轼名下"(《饭牛翁小丛书》卷一),《晚香堂苏帖》有明陈继儒、清姚学经两种版本,均有流传,不知戚牧所指为何。曾枣庄先生引用此说但未说明具体为何,王琳祥先生指出是明代原版,而今"容庚藏帖"中收的明版《晚香堂苏帖》并未见此二印。即使有此印,前文已说明苏轼自号老泉的证据并不充足,明刻《晚香堂苏帖》是明万历年间由陈继儒刻印的,时代较晚,虽精良,却也不便作为直接证据论证。

三、"老泉"是宋人自发的称呼

"老泉"非苏洵自号，亦非苏轼自号，无论是文献证据还是实物证据，均出之于后人，并不令人信服。那么，我们究竟应该如何看待"老泉"这一称号呢？

（一）"二苏"作品中的"老泉"

"老泉"是谁的号虽然未定，但"老泉"曾出现在苏轼、苏辙的诗文当中，后人多以"犯讳"为由将这些诗文作为"老泉非苏洵自号"的证据。

首先要说明的是，宋代避讳虽严，但没有避号的规定。正因称名不敬，子孙才会以号称之。先人的号不可乱用，但不是不能用，检苏过（苏轼幼子）《斜川集》中三次出现"东坡""东坡公"，一次用于送别苏轼的一位朋友（《送昙秀》），以"东坡"作为地名并有双关意，另外两次出现在同一篇祭文（《孙志康墓铭》），同是纪念苏轼生前友人。虽两处均与苏轼相关，但由此可知，当时对号的避讳并不严格。苏轼之语确是戏谑，苏辙"老泉之山，归骨其旁""父子相从，归安老泉"是严肃的，但均不能以此作为证据否认苏洵号"老泉"。另外，若苏轼果号"老泉"，虽可作地名用，苏辙作"老泉之山，归骨其旁"等句，读来也是不合情理的。

曾枣庄先生、王琳祥先生等均提到《祭老泉焚黄文》，将其作为苏洵非号"老泉"的证据。王文诰先生《苏诗总案》则认为"老泉者，公以称其父之墓也，集有《老泉焚黄文》可证"。曾枣庄先生文中说有人以此"作为苏洵号老泉的证据"，而曾先生认为这里的"老泉"是老翁泉的简称，作为地名出现，王琳祥赞同此说，并补充证据说出于避讳苏轼不能直呼苏洵的号。以上诸说皆是以苏轼以"老泉"入题为前提的，但检视苏集的流传，苏轼曾自己编订诗文集六种（《东坡集》四十卷，《后集》二十卷，《奏议》十五卷，《内制》十卷，《外制》三卷，《和陶诗》四卷），其中《东坡集》与《后集》是苏轼生前编订或经苏轼认证的，《奏议》《外制》《内制》是苏轼撰写的公文，苏轼本人做过初步的编订工作，最终在苏轼去世后的一年内由苏辙及子侄完成，可以说这一系统是最接近苏轼作品原貌的版本，而这一系统并未收录《祭老泉焚黄文》，宋明之间也没有人以此作为证据。苏轼在编集时选文严格，收诗较多，对文章一类或有关政治的内容收录不多，据江枰《苏轼散文研究史稿》的考证，《东坡七集》收文1772篇，而今存苏文5000余篇，可见苏轼当时的选择性是很强的。"焚黄文"是官员的一项任务需求，并非表达自我情感的传统祭文，《祭老泉焚黄文》的内容非常简单，与《东坡六集》中收录的二十五篇祭文也不相符，所以未被收录。据目前所见，《祭老泉焚黄文》在明代《重编东坡先生外集》中有录，虽不确定最早出自何时，但可以判断属于外集系统，收录的内容主要是宋代流传的其他诸多版本别集中东坡七集（东坡六集后与蜀本《应诏集》合为《东坡七集》）以外的文字。可以推定，《祭老泉焚黄文》并没有经过苏轼的认定，题目完全有可能是后人自行加上的。加之，外集所用版本的编订时间大多是在南宋，若《祭老泉焚黄文》确为南宋时进入外集系统，倒是可以作为南宋人认为苏洵号"老泉"的一个证据。

因此，以这些诗文为证据证明"老泉非苏洵自号"是不力的，但我们还是可以从中看出一些内容。从苏轼、苏辙对"老泉"的使用看，除苏轼对友人名字的戏谑，其余基本都用作地名，多出现在散文、自注当中，均为"老人泉""老翁泉"，"老泉"确切的出现实是在苏辙笔下，苏辙在诗文中为求工整写作"老泉"，如"归心天若许，定卜老泉室"（《次韵子瞻寄贺生日》），"老泉之山，归骨其旁"（《再祭亡兄端明文》），"父子相从，归安老泉"〔《卜居赋（并引）》〕可见，在"二苏"兄弟心中，"老泉"是"老翁泉""老人泉"的代称，只是一处地名，并非苏洵或苏轼的名号。

（二）"老泉"早期的出现与流传

曾枣庄先生提出，用"老泉"称苏洵最早见于南北宋之交的"苏诗五注"中的"林子仁注"。它属苏诗早期注本，原本已经散佚，部分注释在《王状元集百家注分类东坡先生诗》中流传下来，其中记林敏功为"子仁"，因此后世多称他的注释为"子仁注"。纵观林子仁注释中对提及人物的称呼，称名、字、号不一。例如，提到韩愈既多用"退之诗"又用"韩诗"，称杜甫既有"子美"又有"杜诗"，称贾岛、刘禹锡则直呼其名，称白居易则多用其字，称欧阳修时既称欧阳又称永叔。从林子仁注释的称呼来说，他并没有统一标准的称呼，多采用通行于世、较常使用的称号，在称"三苏"时，林子仁称苏轼为"先生"或"东坡"为多，称苏辙为"子由"，而称苏洵为"老泉"。依林子仁的称呼习惯，"老泉"不是他的发明，而是当时已经通行的一个称号。

"三苏"名闻当时，在民间本就多有传说流传，在称呼上，称号是比称字更为尊敬的方式。元丰后，苏轼多以"东坡"行世，苏辙还称"子由"，苏洵无通行名号，在苏轼称号、苏辙称字的情况下，以号称苏洵似乎更为合适。至于为何称"老泉"，王文诰先生认为是由于苏氏后人以"老泉"称苏洵墓，后来口耳相传，外人不知其故便加在苏洵名下。这一说法也有待商榷。苏氏后人称苏洵墓为"老泉"较晚，最早应是出现在苏辙《次韵子瞻寄贺生日》中，是在苏轼贬谪岭南以后，再出现则在苏轼去世之后。从林子仁的注释习惯来看，他作注之时"老泉"作为苏洵的号已经流传较广，则宋人当不是因为苏氏后人称苏洵墓而将苏洵称"老泉"，倒是由于梅尧臣的诗更为可靠，加之苏洵自己写的《老翁井》诗中也有自喻之味，时人或许就以"老泉"称之。后苏轼号东坡、苏辙号颍滨，后人便始终以"老泉"并举，流传下来。正如王文诰先生的推论，"老泉"并非苏轼或苏洵的自号，而是他人的称呼。

（三）"老泉"一号的后世接受史

"老泉"一号的流行当在北宋末年。南宋以来，除辩驳之文外，"老泉"大多归于苏洵名下。如孝宗时期《宋婺州本三苏先生文粹》便称苏洵为"老泉先生"，与"东坡先生""颍滨先生"并举，光宗时期吕祖谦注的《东莱标注老泉先生文集》以"老泉"入诗文集题目，周必大在《跋老泉所作杨少卿墓文》文中直接写"师从老泉苏公明允"（《益公题跋》卷二），此外郎晔、陈傅良等人均以"老泉"称苏洵，可见苏洵"老泉"之号通行于世。检张涤华先生《类书流别》中南宋现存的类书，其中《锦绣万花谷》《事文类聚》《记纂渊海》《玉海》《源流至论》《山堂考索》《全芳备祖》几部类书中均是"老泉""苏洵""老苏"并行，"老泉"均指苏洵，且大部分类书中"老泉"出现的次数多于"苏洵"，如南宋潘自牧的《记纂渊海》，共引苏洵文句49处，是几部类书中引用苏洵文句最多的，其中39处署"老泉"，10处署"老苏"，虽偶有错引，但基本可以判断南宋人普遍认为"老泉"是指苏洵。

由此判断，"老泉"一号是宋人加诸苏洵，并非苏洵或苏轼的自号。同时，早期使用"老泉"的"子仁注"已将老泉、东坡、子由并提，且后人以号称之本身就有区别之意，应当是没有"老泉"同时作为苏洵、苏轼二人之号的情况。至于苏轼的作品题有"老泉"，则当考虑到苏洵作品散逸、苏轼诗文被禁、苏轼作品被后人穷尽式搜集等情况，父子三人的亲密关系也给作品的混入创造了条件，苏洵的《老翁井》诗就被收录苏轼的集子中，苏轼、苏辙的作品也偶有混淆。叶梦得时期苏轼诗文遭遇禁毁，后又复苏，作品情况较为混乱，或是叶氏见到了题有"老泉"之名的苏轼诗文，遂加以推测辩驳。

综上所述，"老泉"被当作苏洵别号由来已久，几成共识。然而认为"老泉"为苏轼别号的声音自南宋起亦未断绝。苏洵和苏轼同样没有以"老泉"之名行世的经历，同样未有同时人以此名纪念他们。"三苏"闻名于世，"老泉"或是宋人对苏洵的一种亲切、尊敬的称呼。

（作者单位：暨南大学文学院）

漫谈朱筠的交游网络

周昕晖

朱筠（1729—1781）是清乾隆年间的学术领袖之一，姚名达为撰年谱，称其为"乾嘉朴学的开国元勋"。朱筠仕宦不可谓显达，然在京则回翔内廷翰苑，在外则督学典试，加之和易近人，振拔孤寒，故其交游遍于天下，以至逝后，京师有"自竹君先生死，士无谈处"（袁枚《程鱼门墓志铭》）之语。

朱筠平生往来，构成了庞大的交游网络，以举业、仕宦、游幕、唱和、论学等纽带相联系支持。观察交游网络与学术的关系，有助于认识朱筠在学术发展中的作用和乾隆中叶的学术生态。

一、交游网络的编织与扩大

编织交游网络，是个人之间以某种方式产生联系，随着发展，其纽带或增粗，或渐细甚至断裂，或在原基础上追加新的关系，交游网络似滚雪球般越滚越大。下文中，笔者基于学术维度，观察朱筠的交游网络是如何构建与扩大的。

一靠血缘关系。血缘是最基本的关系，在朱筠家中，其弟朱珪和其子朱锡庚在学术上颇有建树。朱珪官高名显，乐于提携学者。朱筠次子朱锡庚号为"能读父书"，与邵晋涵、章学诚等关系密切。

二是基于教育和科举。如，他的乡试同年毕沅，会试同年钱大昕、王鸣盛、纪昀、王昶等。朱筠又两度任提督学政，多次主考乡试会试，如陆锡熊、程晋芳皆为其所取之士。此外，朱筠还有及门弟子。他"自为诸生即授弟子"（朱珪《竹君朱公神道碑》），历官中外而始终不懈。弟子李威《从游记》言其在京时门徒之盛："且日出坐椒花吟舫。朋友门生及四方问字之士踵接于门，阍者不能尽通，听其自入。宾位不足，常有循栏坐者。"章学诚、武亿等皆入门执弟子礼，亲炙教导，其尊师之意终生不懈。

三是基于朝廷职务。朱筠在京官翰林学士，且与修《四库全书》、总纂《日下旧闻考》，同僚多海内积学之士，如钱载、姚鼐、翁方纲、沈业富等，惟其中多数是旧日相知，不待共事方才结识也。在外任学政，按试各府，须有人协助校文。他出任安徽学政时，"联镳十二乘出国门，一时国门传学使宾从之盛，无有与朱学士侔者"（余廷灿《朱侍读学士筠传》）。邵晋涵、洪亮吉、王念孙等皆入其幕，他们的身份其实介于宾客和门生之间。

此外，最为普遍的是友朋关系，且常与以上诸种关系交叠，如同年、同僚、幕客而兼为朋友。二人之间亦往往有多种联系。例如，朱筠与翁方纲皆籍隶大兴，同官翰林，入四库馆。朱筠从安徽回京后往来更密，乾隆四十五年（1780），二人结为儿女亲家。又如邵晋涵，他成进士时，朱筠为此科同考官，朱筠官安徽，邵晋涵入幕，二人关系在师友之间。朱筠死后，朱锡庚又从学于邵晋涵，其交谊亦可谓长矣。

四是辗转引荐亦可促进网络扩展。朱筠十七岁结识陈本忠，情同兄弟，乾隆十九年，姚鼐通过陈本忠结识朱筠。幕友出于友人介绍者亦多，如朱筠南下安徽时，友人余廷灿推荐其师之子吴兰庭入幕；至安徽后，翰林院前辈蒋和宁荐来外甥洪亮吉。朱筠回京后，老友曹锡宝介绍武亿拜入门下。如此将原有的两段社会关系衔接起来，推动交游网络的扩大和复杂化。

交游网络的复杂程度，与本人的人生经历、性情特点、地位名望等有关。朱筠仕履较为简单，交往之人除中央地方大吏外，以通晓艺文、饱读诗书者为多。朱筠性情和易，对门下士颇能包容，如章学诚"姗笑无弟子礼，见者愕然，先生反为之破颜，不以为异"（李威《从游记》）。又有惜才造士之名，所以"四方怀才负异之士"皆辐辏之，乐从之游。朱珪见他应酬诸生，焚膏继晷，劝其"宜少惜精力"，可终不能从。这些特点促使朱筠交游甚广。

二、学术资料共享

朱筠交游网络对学术一个重要的影响是学术资料开放共享。

首先是藏书资源。朱筠是乾隆年间的大藏书家。门人徐书受云："曩在京师，见前辈藏书之富无过笥河先生，碑版之富无过竹汀先生"（徐书受《教经堂谈薮》）。朱筠的藏书对其门人皆开放，如章学诚、王念孙、武亿皆曾久居其京邸读书。

明清时期版刻繁荣，但大量藏书对多数士子来说仍是可望而不可即。以上三人中，王念孙出身官宦之家，但其父王安国早卒，家又清贫；其余二人在京师更是飘零无依。书籍作为重要的学术资源，在朱筠的交游网络内开放阅读，为一些清贫学者提供了方便。

其次是金石碑拓。乾隆时期的学术界存在金石学兴趣共同体，朱筠是其中一员，这些成员构成了他金石学研究的交游网络。交游网络也是学者获取碑拓资源的重要途径。

金石学者一旦外放做官，定要在任所访拓古碑。朱筠督学安徽，搜集金石遗文三百余通，编成《安徽金石志》；督学福建一年，即"搜罗元以前金石题刻不下数百通"（朱筠《移唐林夫人、元郑居士二志石于福州乡贤祠壁记》）。他往往会拓印多份，用于交换和赠送。相应地，他也通过友人搜访碑拓，"遇亲故宦游四方而来见者，必属曰：'某地有吉金，某地有贞石，子行必为我求之。'"（李威《从游记》）

金石学交游网络还促进了共赏、题跋、借观、摹写等活动。一些罕见的碑拓，往往开放给交游网中其他学者观赏甚至借阅、利用，形成某种"共享"。翁方纲曾从朱筠处借得《孟法师碑》《化度寺碑》等加以比对研习。朱筠藏有宋拓《西岳华山庙碑》，弥足珍贵。其友人即表现出极大的兴趣，如黄易曾称"《华山碑》京师有完本，今归朱竹君先生，弟必得见"（《故宫藏黄易尺牍研究·手迹》）。此拓本曾借给翁方纲双钩一部，交给钱坫带至陕西毕沅处，以重刻华山庙碑。

金石学资料或论文，也可用以建立联系、进入交游网络。乾隆四十一年，黄易与翁方纲尚不相识，就将《汉三公山立坛刊石》拓本寄给他和朱筠请求题跋。同年，程瑶田见到丰润文庙中的牛鼎，椎拓十一纸，并作《记丰润县牛鼎》，质之朱筠和翁方纲，此时程瑶田与朱、翁盖初相识，即以金石论文与之商讨（似乎也赠送了拓本），应是有意借此获取认可。

如上所论，朱筠等学者不但通过交游网络获取碑拓，还让碑拓在网络中流动起来，促进其共享和扩散，从而推动金石学的发展。

三、奖掖后进

朱筠的交游中有许多年轻学者，有些还出身贫寒。朱筠对他们不但在学术上给出建议，加以培养，还尽可能地提供物质帮助，为其树立声名。

朱筠对门下士人，多具指点之功。洪亮吉、黄景仁、汪中、章学诚等人之文章学术均受到他的影响，许多青年学人在其幕下，实居于幕客与弟子之间，如洪亮吉"始预宾僚，继焉问业"（洪亮吉《椒花吟舫图序》），入朱筠幕，"始从事诸经正义及《说文》《玉篇》"（吕培《洪北江先生年谱》）；章学诚《朱先生墓志铭》称"前后从游凡数百人，因材施教，拓越畦畛，风旋霆回，勾神萌圻。比于树艺，无论拱把，以至百围，咸达其性，无有夭阏"。可见，朱筠对培养年轻学者是颇费心力的。

朱筠在京任职时无力养士，只能为门人提供落脚处而已。后来担任学政，有了较多的养廉银，就可将其延聘入幕。此外，朱筠还会为学者提供其他资助。如章学诚《与严冬友侍读》言及"朱先生为谋西山卜筑，良便耕种畜牧，十亩一尘之间，课奴问婢，亦自不恶"。可见，朱筠还有意为他谋划房屋田产。

朱筠还利用自己的交游网络，竭力为年轻学者延誉。洪亮吉、黄景仁入幕后，朱筠写信给钱大昕、程晋芳，云"甫到江南，即得洪、黄二生，其才如龙泉太阿，皆万人敌"（洪亮吉《伤知己赋并序》）。王念孙成进士后进谒朱筠，朱筠"躬自答之，曰：'是当代通儒正士，不得以后进视之也。'"（王引之《石臒府君行状》）朱筠乐于为士子延誉，也曾遭人诟病，至有"太丘道广"之讥：

士之贫而稍有才学者，以文为贽来见先生。先生辄以奇才异能许之，为介绍于先达，称誉不绝口。或笑之曰："朱先生所称奇才异能之士，亦指不胜屈矣。"威病其言，尝于夜分侍坐时请曰："先生当世龙门，人皆欲求士于先生，而使之听闻不信，可乎？"先生微叹曰："子亦有疑于此欤？夫士怀才未遇，其或家贫亲老，跋涉数千里而来，若其名不获显著，羁旅孤寒，未见其能有合也。且彼实有所长，吾言稍假之耳，虽致非议，庸何伤？"（李威《从游记》）

可见，朱筠为提携后进，实是竭尽所能。

朱筠作为学术赞助人，当掌握足够资源时，会接受交游网络中其他人推荐的学者。当他回到中央，不再具有养士能力，就再将幕下学者推荐出去，于是形成了学人为寻求支持，而在交游关系网中的流转。朱筠离开安徽回京，就要为门客寻出路，如把汪中推荐给在浙江任兵备道的老友冯廷丞，称"汪生，通人也。其学知经传之义，而达于史事，又善为古文词。筠在江南，尚或为之所；筠去，恐遂穷以死。其才当为世爱惜之"（汪喜孙《容甫先生年谱》）。

黄景仁作诗怀朱筠，有"八百孤寒要此人"之语，可见其奖掖扶持之功。在他对学者的赞助中，交游网络起到了重要作用：既通过交游网络延揽人才，也在网络中为其宣传，以提高声誉；当他不足以提供资助时，也通过关系网将他们推荐出去，谋划出路。

四、多彩的交游网络

朱筠的交游网络中，名公巨卿有钱大昕、王昶、纪昀、翁方纲等，皆名高位显、主持风会，海内目为宗师；学界颇有地位的如姚鼐、程晋芳；学术新进则有邵晋涵、洪亮吉、章学诚、王念孙、汪中等。朱筠的交游网络，为青年学者提供了接触一流学者、闻其绪论的机会。

朱筠爱宴饮，其宾客之盛，朱珪曾有描述：

犹忆家竹君兄于当年多方构觅，极尽新蔬之品。约士大夫宴集于家，

[史]

坐上客满，或琴，或书，或对楸枰，或联吟，或属对，勾心斗角，抽秘骋妍。酒酣耳热之时，同人有以"太极两仪生四象"命对者，满座正凝思间，忽报纪晓岚至。至则狂索饮馔，同人即以前句示之，金曰："对就始许入座，否则将下逐客之令矣。"晓岚应声曰："春宵一刻值千金，吾饥甚，无暇与诸君子争树文帜也。"坐客闻之，无不绝倒。（英和《恩福堂笔记》）

在此氛围中，朱筠门下的学者自然可以充分利用人际资源，精进学术。

朱筠门下的诸位学者之间也有交流互动，即以朱筠任安徽学政时的太平使院而论，网罗了邵晋涵、章学诚、洪亮吉、王念孙、汪中，后皆成为学界翘楚，他们之间的交流互动，对其学术生涯也产生了影响。

乾隆三十六年，邵晋涵、章学诚同客于朱筠太平府署，开启学术交往，后章学诚又遣子贻选从邵晋涵游。直至嘉庆元年（1796）邵晋涵去世，二人交谊始终不渝。他们在学术上常有切磋琢磨，邵、章均长于史学，方法或有不同，但彼此认同很强，在《宋史》《史籍考》等方面都进行了许多讨论，也促进了彼此史学观点的阐发。溯其交谊之始则应归功于朱筠。

又如汪中，入朱筠幕在乾隆三十七年，其子汪喜孙所撰年谱于此年云："谒朱学使筠于当涂，时幕下多通儒，邵先生晋涵、王先生怀祖泪先君俱以古经义小学相切劘。……谨按先君治小学当在是时。是时所校书多述王先生说。"（汪喜孙《容甫先生年谱》）

然而，学者的交游网络在学术上也具有多样性和差异性。一个人的交游一般不会仅围绕唯一主题展开，而更多是立体的、异质化的。因此，考察以某人为核心的社会关系，首先要认识到网络的多样性，尽可能利用多种材料加以复原，还要避免将所有成员放到一个平面来讨论。因为他们是经由不同主题纽带与核心人物相连。所以，我们不能忽视这种差异，以至对交游网络内部的复杂性做简单化处理。

朱筠的交游网络，就表现出非常明显的复杂性。通观朱筠平生交游，学术只是主题之一，此外还有诗文唱酬的朋友、官府中的上下级与同僚等。如以学术尺度衡量，我们会发现他们的观点或与朱筠相左，但不影响其交往。如与考据家互诋的袁枚，朱筠门人章学诚对他痛斥不已，称其"蛊惑年少，败坏风俗人心，真名教中之蟊贼"（章学诚《论文辨伪》）。但实际上朱、袁二人相处融洽，朱筠在安徽时，袁枚作《与朱竹君学士书》，此后则常有问讯，朱筠自安徽归京，特意拜访随园，袁枚也说："朱竹君学士督学皖江，来山中论诗，与余意合。"（袁枚《随园诗话》）可见，二人有着基本的友谊和认可。

通过朱筠密友、与汉学诸人多有学术往来的程晋芳，也可以发现学术交游网络的复杂。程晋芳的学术不属于纯正的考据学路数，其《正学论》有对汉学流弊的批判和对宋学精于义理的表彰，具备汉宋调和倾向。但程晋芳在四库馆中与汉学诸人相得甚欢，学者以"鱼门先生"称之，颇显尊重。程晋芳的交游，除早年居江南多与袁枚、商盘等诗人往来，及学术上受程延祚影响较深外，入京后所交，与汉学诸人尤其是朱筠的交游圈并无大不同。汪中所谓扬州一府通者三人、不通者三人，通者王念孙、刘台拱及汪中，不通者则程晋芳、任大椿、顾九苞，而又对某乡绅曰"汝再读三十年书可以望不通矣"（洪亮吉《又书三友人遗事》）云云。据此可见：首先，汪中、洪亮吉等人必然承认程晋芳是积学读书之士；其次，从其他五人的学术风格来看，汉学人物也实未将程晋芳看作外人。他们并不完全接受程晋芳的汉学观点，但后者仍在朱筠交游网络及汉学诸人心中占有重要位置。这固然由于程晋芳本是敦厚君子，也提示我们审视交游网络和学术观点之间的关系。

在朱筠的交游网络中，包含有不同学术观点的人，甚至交往颇密切融洽，究其原因：1.朱筠宽厚和包容；2.学术只是影响交游关系的因素之一；3.持考据学（或说汉学、朴学）观点和持其他观点的人并非水火不容。分歧是存在的，交往也是真实的，即使朱筠提携的诸人中，也存在着章学诚、洪亮吉、汪中之间的种种矛盾，并非同质划一。学术生态复杂多元，所谓"派别"在多大程度上存在，内部在多大程度上统一，边界在多大程度上清晰，都需要细加思考。朱筠的意义在于，作为朴学倡导者，其交游网络却在学术观点上呈现多元化，提供了切入这一学术史图景的合适样本。

五、结语

我们称朱筠是清代学术史的重要人物，并非着眼于其学术成果。作为学术领袖，最重要的不是写过什么文章，而是具有引领学术风气的能力和地位，以及对学术方向的倡导，对学者的支持培养等。这些都是朱筠所具备的。惠栋、钱大昕学术成就固然高，但不足以赞助培育其他学者；著名的学术资助人如卢见曾、毕沅，又缺乏引领学术方向的能力。朱筠可谓身兼其长，随着能力和名望的提升，他的交游网络不断扩展，学者们在其中获取学术资料和经济资助，并且互相切磋，各自发挥所长，在学术史上占据一席之地。其交游网络也呈现出庞大而复杂的样貌，其中渗入种种学术和非学术的分歧，对探讨学术史具有独特意义。这也提示我们：社会关系甚至学术派别都不是泾渭分明的，讨论一个学者或学术群体时，应尽量从多维度观察，避免将复杂的状况简单化。

（作者单位：北京大学中文系）

吠陀文化与老子思想映照关系蠡探

房国栋　张丹梅

一、关于《道德经》的几个历史公案

纵观历代学者对《道德经》的注疏，林林总总，用"不可计数"来形容亦不为过。元代正一天师张与材曾说："《道德经》八十一章，注本三千余家。"据学者调查，流传至今的《道德经》注本有一千多种。如汉代河上公《老子章句》，曹魏王弼《老子道德经注》，唐玄宗《道德真经疏》，北宋苏辙《老子解》、王安石《老子注》，清代魏源《老子本义》，现代有高亨《老子正诂》、任继愈《老子今译》、饶宗颐《老子想尔注校笺》、陈鼓应《老子今注今译》，以及日本武内义雄《译注老子》等。

在马王堆帛书和郭店楚简出土之前，较为流行的是王弼版本。

公案1.关于《道德经》第一章句读

在山东省高中语文教材中，有一套傅璇琮主编的《中国传统文化基础教材》（泰山出版社2015年版），在第二册第三页的《老子》第一章，是这样句读的：

> 道可道，非常道。名可名，非常名。无，名天地之始，有，名万物之母。常无，欲以观其妙，常有，欲以观其徼。此两者，同出而异名，同谓之玄。玄之又玄，众妙之门。

[子]

关于《道德经》第一章句读，历史上出现过不同版本。清代魏源《老子本义》第六章里提道："司马温公、王安石、苏辙皆以'有''无'为读。河上公诸家皆以'名'字、'欲'字为读。"意思是说，司马光、王安石、苏辙的句读为："无，名天地之始，有，名万物之母。常无，欲以观其妙，常有，欲以观其徼。"河上公诸家句读为："无名，天地之始，有名，万物之母。常无欲，以观其妙，常有欲，以观其徼。"

老子在《道德经》第三十二章里说，"道常无名""始制有名"，魏源据此判断："则上二句以有、无为读者，非也。"（《老子本义》第六章）

马王堆汉墓的发掘，让帛书《老子》甲、乙本重现天日，为以上二句的

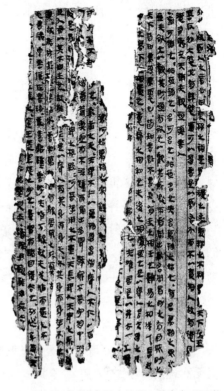

马王堆帛书《老子》甲本片段，其中有"可道也""可名也""恒无欲也""恒有欲也"

句读提供了依据，也证明魏源的判断是正确的。笔者以为，高中语文教材的句读方式，更应该严肃慎重。山东省高中语文教材中出现的《道德经》句读问题，也反映出教材编写者对《道德经》的一些核心概念的理解，值得商榷。这样的语文教材，会不会让教师和学生更加困惑？细思堪忧。

公案2.关于"道"

《道德经》第一章首句即是"道，可道也，非恒道也。"（帛书），翻阅历朝历代学者注疏，对老子"道"的总体解释，比较一致，基本都围绕"世界的本原、本体、最高法则、永恒规律"来解释。但是，"道"字在八十一章版本的《道德经》里出现七十多次（王弼本约七十四次），老子"道"的丰富内涵以不同层次、不同侧面、不同角度进行了立体展示。于是，学者们在注释这些不同语境里的"道"时，开始出现明显差异，反映出他们对老子"道"

的深层次理解上是不一样的。

比如《道德经》第八章：

水善利万物而不争，处众人之所恶，故几于道。

对"故几于道"，河上公注："水性几乎与道同"，至于什么样的"水性"符合"道"的哪一个特性，河上公没有进一步说明。王弼注："道无水有，故曰，几也"，这里向我们说明了"道"之"无"的特性。陈鼓应在《老子今注今译》中解释，这个"道"表现了"不争"的特性。这个"不争"之"道"，不同于形而上的实存之"道"。形上实存意义的"道"，是不为我们所得而闻问的，但这里所说的"道"，已经落实到人生的层面，它可以为我们所取法——老子认为我们应取法于它"不争"的精神。（这层意义的"道"同于"德"）

公案3.关于"玄"

"玄"字对于《道德经》至关重要，可以说理解不了"玄"的真正含义，就无法理解"玄之又玄""玄同""玄德""玄览""玄通""玄牝"，当然也就离老子思想本义差之千里。

《道德经》第一章：

此两者同出而异名，同谓之玄，玄之又玄，众妙之门。

王弼《老子道德经注》："两者，始与母也。同出者，同出于玄也……玄者，冥也，默然无有也。不可得而名，故不可言，同名曰玄，而言谓之玄者，取于不可得而谓之然也。谓之然则不可以定乎一玄而已，则是名则失之远矣。故曰，玄之又玄也。众妙皆从同而出，故曰众妙之门也。"又，王弼《老子指略》："玄，谓之深者也"。

目前通行的对"玄"的解释，大多数采用王弼版。本文中列举的山东省高中语文教材《中国传统文化基础教材》第二册，就把"玄"解释为"黑色，引申为玄妙深远"。

王弼"冥也""深者也"的解释，影响深远，以致今天很多人把"玄之又玄"理解为"玄幻莫测"之意。试问，若是"玄幻莫测"，何来"众妙之门"？何来"玄同""玄德""玄览""玄通""玄牝"一系列概念呢？让人摸不着头脑，这是老子学说的本意吗？

以上只是"举例说明"的几个案例，《道德经》中如"谷神不死"（第六章）、"出生入死……以其无死地。"（第五十章）等概念，也都是存在较多争议。之所以这些理解注释存在偏差和争议，与研究者各自所处时代的文化和社会背景不无关系。而老子所处时代久远（约公元前571年—公元前471年），如果我们能够了解老子所处时代的社会形态和文化背景，探寻一下老子思想的文化渊源，自当有利于我们从源头上解读老子思想，从而更为合理地注释《道德经》的一些关键概念。

二、轴心时代的思想映照

关于老子的生平以及相关信息，目前发现的史料极为有限。就连西汉史官司马迁也感到"一头雾水"，他在《史记·老子韩非列传》中只是记载了"老子者，楚苦县厉乡曲仁里人也，姓李氏，名耳，字伯阳，谥曰聃，周守藏室之史也"，以及"孔子适周，将问礼于老子"等少量信息，并且提到老子"著书上下篇，言道德之意五千余言"后，西出函谷，"莫知其所终"。老子去向遂成了千古之谜。

老子与"西域"，也即古印度的关系，一直是一个没有停止的话题。东汉时期甚至出现了"老子化胡说"。20世纪50年代，学者谭戒甫就曾提出老子本系"胡人"。当然，以上"胡说"备受质疑。也有学者提出，老子有可能是像法显、玄奘一样"西天取经"的

洛阳龙门石窟，卢舍那大佛，即释迦牟尼佛报身

中土学者。《史记》记载老子"名耳，字聃"，"聃"字即"大耳"之意。学者朱大可认为，这是一个神秘的记号，它最初可能是古印度婆罗门种姓的某种生理标志，被吠陀宗教加以夸大和圣化的一种形象特征。在早期的佛陀雕像上，这种长耳及肩的特点随处可见。

德国哲学家雅斯贝斯（又译为雅斯贝尔斯），在《历史的起源与目标》一书中，提出了他的著名观点：世界历史中存在着一个人类文明的"轴心时代"。"轴心时代"指公元前800年至公元前200年间，中国、印度和西方，相互独立地完成了结构相似的思想、文化突破。这一时期诞生了苏格拉底、柏拉图、释迦牟尼、老子、孔子等先哲。这些思想家在对生命的产生和宇宙原理的思考中，"同归而殊途，一致而百虑"（《易传·系辞下》）。假如这一时期存在不同文明区域的思想和文化交流，那么轴心文化之间极有可能存在一种"映照"关系。

中国先秦时期由于诸侯分立，割据分裂，在民族融合、地缘文化上，客观上处于一个高度开放的时代。中土文化与外部的交流可能远远超出我们的想象。《山海经·海外北经》描述一个叫作"柔利国"的国家，为人"反膝曲足居上，一云留利之国，人足反折"。这种奇特坐姿，不正是瑜伽（梵语yug，即"禅定"）的入定姿式么——两脚的足底向上翻起，而足跟则压在腹股沟处，形成所谓"双盘"（亦称"莲花座"）。

《山海经·大荒北经》记载："有牛黎之国，有人无骨，儋耳之子。""柔利""留利"和"牛黎"，显然是同一国家不同译音，这里的"儋耳之子"，应该是修习瑜伽的沙门修士群体。（注："沙门"，出家修道者之通称。梵语sramana，巴利语samana，龟兹语samane，于阗语samana之转音。又作沙门那、沙闻那、娑门、桑门，有"勤劳、息心、修道"之意。）

《山海经》是先秦时期的一部百科全书，包含了上古地理、历史、神话、天文等诸多方面内容，勾勒出上古时期的文明与文化状态。（由于此书不属于"以古非今"之书，也就不在"秦火"之列，因此具有极其宝贵的原始文献资料价值。）书中关于"柔利""留利"和"牛黎"之国的记载，为我们提供了一个重要信息，即上古时期中土和西域已经存在广泛的交流活动。《山海经》里描写的奇特坐姿，很可能是中土学者在西域（古印度）看到的情景。或许，那时西域的瑜伽（yug）已经开始传入中土，被人们熟知。瑜伽（yug）产生于古印度吠陀时代早期，瑜伽理念对于之后印度佛教世界观的建立有着密切关系。

当我们探究老子思想的文化背景、老子思想实现"轴心突破"的源头时，常常因为史料难觅，而生"一片孤云何处寻"〔（唐）李益《赠毛仙翁》〕的遗憾。太史公作《六国年表》时，曾有感叹："秦既得意，烧天下诗书，诸侯史记尤甚。"由此想见，即便是在战争频繁的春秋战国时期，诸侯各国仍有相当多的史书文献，而经"秦火"之祸后，大量的先秦文献已荡然无存。

如果先秦时期中土与古印度存在文化交流，我们有理由设想，老子思想与吠陀文化很有可能发生过某种交集，遥望之处，闪耀着回避不开的映照之光。在先秦考证资料严重匮缺的情况下，探源"轴心时代"吠陀文化与老子思想的映照关系，对于我们更加接近老子，深入厘清老子思想本义，十分重要。

三、"吠陀"中的"道"与"玄"

与中国《诗经》里反映的历史时期相近，公元前1000多年以前，古印度也有一本"诗歌总集"——《吠陀》。（关于《梨俱吠陀》的成书时期的上限，学者巫白慧认为"约为公元前2000年"）"吠陀"（veda），意为明、知识，它是印度最古老的文献材料和文体形式，主要文体是赞美诗、祈祷文和咒语，吠陀文化是印度宗教、哲学及文学之基础、源头，是印度古典文明最重要的内容。

吠陀文化的思想内容宏富深邃。在《吠陀》的经典部分《奥义书》中，我们很容易发现老子"道"和"玄"的影子，或者说是"道"和"玄"的本来模样——《奥义书》中已经出现"有""无"，"非有""非无"，以及"生死轮回""因""果""缘起"等概念；并对"不生不灭""梵"（宇宙本体）与"我"合一，"有"和"无"的对立统一关系，进行了广泛深入的探讨。

那首著名的《无有歌》（《梨俱吠陀》10，129，季羡林译）中写道：

那时，既无"无"也无"有"；既无天空，也无其上的天界。何物在来回转换？在何处？在谁的庇护下？是否有深不可测的水？（《无有歌》1）

那时既无死，也无永生；无昼与夜的迹象。风不吹拂，独一之彼自行呼吸。在它之外，没有任何别的东西。（《无有歌》2）

泰初，爱欲临于其上，它是识的第一种子。智者索于内心，经过深思熟虑，使"有"之连锁，在"无"中被发现。（《无有歌》4）

在这首诗中，我们看到在泰初之时，非有非无，非死非不死，唯有"一"存在，然后由"泰初的爱欲"，产生最早的思想，使"有"生于"无"。因此"一"是所有存在的终极，宇宙万物皆由"一"产生。

在《无有歌》另外一种翻译版本（巫白慧译）里，我们看到了似曾相识的"禅宗偈语"："其初无无亦无有"，"无即非有，有亦非有"。"天地未分之前的状态是'一'（Tadeham）。"

吠陀哲学家在论证"有"和"无"的关系时，提出了一个"有无统一"模式："无即非有，有亦非有。"按照本体论，"有、无"是现象，"非有、非无"是本体。这一哲学思想同时把事物划分为"阴"和"阳"的对立二元，并指出，事物有矛盾的一面，还有统一的一面。

这些令人熟悉的概念词汇和哲学思想，让我们联想到了《道德经》里的"道""有名""无名""玄"以及"道生一，一生二，二生三，三生万物"。〔笔者按：至于马王堆帛书《黄帝四经》里的"天执一，明三，定二"和郭店楚简发现的《太一生水》篇，以及"易有太极，是生两仪，两仪生四象，四象生八卦"（《易传·系辞上》）和吠陀"一"的概念有无关联，不在本文讨论范围之内。〕

吠陀哲学思想是印度婆罗门教和原始佛教的思想理论基础。约公元前6世纪，与老子同时代的古印度，有位释迦族贤哲——乔达摩·悉达多（被后人尊称为"释迦牟尼"，"牟尼"译为"文""仁"，也即"圣人"）。

释迦牟尼在批判和继承婆罗门教及其他各宗教门派的基础上，提出对立统一的"中道"学说（原始佛教核心理论），"中道"思想反对执着于"两边",反对虚幻的"分别"。《别译杂阿含经》卷第十中说:"若说有我,即坠常见(常一不变性,独立存在性),若说无我,即坠断见(完全断灭、空无)。如来说法,舍离两边,会与中道。""缘起"和"性空"是释迦如来(佛陀法身)一代教法的根本立足点,是般若的核心思想。所谓"缘起",即世间没有独立存在的东西,也没有常住不变的东西,一切都是因缘和合所生起。所谓"性空",是说因缘和合所生起的假有,本质是空无自性的。一个言有,一个言无,"缘起"是一切法(事物)的因果假相,是现象;"自性空"则是事物的本质。

比如,因为缘起,氢氧合成了水,有了滋润万物的作用,有了流动的状态。但水无色无味,以无限形式无处不在,最为接近"自性空",因此佛教常用水比喻善法。老子用水比喻"道",说因为水"不争","故几于道",这个"不争"不就是"自性空"么!

"缘起"与"性空"处于永恒变化、运动状态。佛教也借用"性空"(简称"空")一词来表达"无限""无尽"的变化,以此阐释宇宙本体的运行状态。"空"的这一层含义,和老子的"道",显示了"二者同出,异名同谓"(帛书)之妙。

此外,由于佛教在发展过程中曾出现不同派别,以及阐述义理的需要,在表达"本质、原理、真理"这些概念时,出现了一系列词汇,比如中道、摩诃(梵语,翻译为"大",有"大愿""大智慧"之意)、性空、本相、实相、妙有、真如、如如、如来藏、一、佛性、法性等。其中,"中道""摩诃"(大)是佛教思想的核心概念。老子为宇宙真理"字之曰道,强为之名曰大"(《道德经》第二十五章),不可不谓"名正字顺"。

除了"道""大""无名""有名""玄"等概念之外,老子在《道德经》描述宇宙最高法则的词汇还有"无极"(第二十八章)、"素""朴"(第十九章)、"大象"(第三十五章),以及"玄同""玄牝""玄德""一"等。

"佛教极大地丰富了汉语词汇"(梁启超语),佛经概念名词和《道德经》里的概念名词相对应,而产生互文见义的例子不胜枚举。如《金刚经》第二节:"不取于相,如如不动。""如如不动"即被明代文学家吴承恩引用,《西游记》第七回描写孙悟空:"渺渺无为浑太乙,如如不动号初玄。"

四、还原老子"道""玄"之"本相"

我们把"性空""真如"等佛教哲学概念与老子"道""玄"等相互联系后，再次剖析根本、领悟原理，不难发现，"冥也""深者也"以及"黑色，引申为玄妙深远"等释义，不能准确反映《道德经》中"玄"的哲学内涵。笔者以为（此处敬畏之心，诚惶诚恐），老子选用"玄"字来表达"有名"和"无名"（《道德经》第一章），并不是借用其"冥也""深者也""玄妙深远"之义，而是借用了"玄"字独特的象形造字特点：两股丝线搓在一起，相互缠绕，循环往复。

玄 xuán　匣纽、真部；匣纽、先韵、胡涓切。

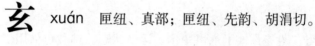

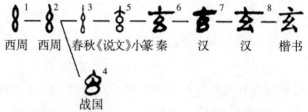

西周　西周　春秋《说文》小篆 秦　　汉　　汉　　楷书

战国

1《金文编》272页。2、3《金文编》268页。
4《郭店》73页。5《说文》84页。6《睡甲》57
页。7《马王堆》153页。8《甲金篆》253页。

从"玄"字的象形结构和演变来看，先秦时期的"玄"字，大多是呈现出"下端像单绞的丝，上端是丝绞上的系带，表示作染丝用的丝结"的样子。〔《汉典》详细字义（1）〕

此外，已经出土的玄父癸爵（商代晚期或西周早期）、敔簋（西周早期）、休盘（西周中期）、师奎父鼎（西周中期）、颂簋（西周晚期）等诸多商周青铜器铭文中，也都能找到"玄"字的这种象形写法。（注：金文中"幺"字与"玄"字写法形近，著名古文字学家姜宝昌教授指出，金文中也存在"幺"被借用为"玄"的现象，此处不再展述。）

［ 子 ］

西周中期"同簋"铭文中的"玄"字

西周中期"寰盘"铭文中的"玄"字

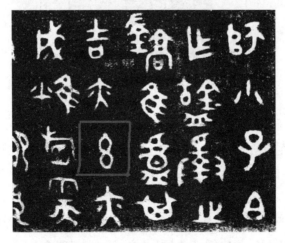

西周晚期"伯公父簠"铭文中的"玄"字

从"玄"字结构反映出的意象来看，恰好能够表达"有名""无名"二者交替变化、运动的规律。这也许是老子对"玄"字偏爱的原因吧。另外，帛书甲本作"玄之有玄"，而"之"字在文言文中有"往，去"的意思，既然"有名""无名""同出而异名，同谓之玄"，如此"玄之有玄"可以理解为"一个玄过去了，另有一个玄又过来了。"（相互作用和转化）"日往则月来，月往则日来，日月相推而明生焉。寒往则暑来，暑往则寒来，寒暑相推而岁成焉。"（《易传·系辞下》）。两个对立统一的关系，相克相生、循环往复、运动不止，这不正是宇宙的运行规律（道）吗？这不正是"众妙之门"么！这也正是《易》中的"生生不息"、佛法的"灭灭不已"。

由此可以得出，"玄"揭示了"道"的运行规律，也可以说"玄"是"道"的一种存在形式。这种深刻而明晰的逻辑关系，也更符合哲人的思维和表达方式。

《尔雅·释天》说："九月为玄。"九月是"阴阳交替"的时节。《易经》中"剥"卦，是九月之卦，《周易本义》说："剥，落也。五阴在下而方生，一阳在上而将尽，阴盛长而阳消落，九月之卦也。"是谓"玄之又（有）玄"之月，当然是"玄"月。

《周易》第二十三卦　剥卦　代号 0：1

魏文帝曾在写给大臣钟繇的信中说："岁往月来，忽复九月九日，九为阳数（之最），而日月并应。俗嘉其名，以为宜于长久，故以享宴高会。"

其义言明，九月是日月并用，日九（久）月九（久），蕴含日月交替，"周行不殆"之意。这也正是《道德经》里"玄"的含义。理解了"玄"的哲学内涵，我们再回过头来看"玄同""玄德""玄览""玄通""玄牝"这些概念，也就更容易去理解和把握了。

　　事实上，"道"和"玄"就是老子哲学体系的基石，而且这两个概念的含义非常明确，道理容易理解，不存在"玄妙深远"，甚至"玄幻莫测"。这也应了老子说的那句话："吾言甚易知，甚易行。天下莫能知，莫能行。"（《道德经》第七十章）老子说，我的话很容易知晓，很容易施行。但是天下竟没有谁能理解，没有谁能施行。可见，作为一个"传道、授业、解惑"的老师，老子一定是把宇宙人生的大道理向学生们深入浅出地娓娓道来，怎么会故意将自己的学说搞得云里雾里，让人听不懂呢？

　　在描绘伏羲和女娲神话传说的图画中，在"河图""洛书"里，在阴阳八卦推演中，都蕴含着"玄"字消息义理，向我们揭示着阴阳和合变化、无穷无尽、无始无终的时空定律。

伏羲女娲图，1928年在新疆发现的唐高昌故国出土

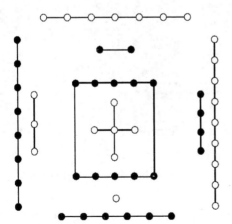

河图，图中白点、黑点，代表阳数、阴数

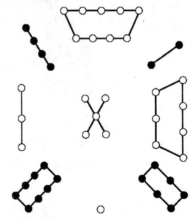

洛书，图中白点、黑点，代表阳数、阴数

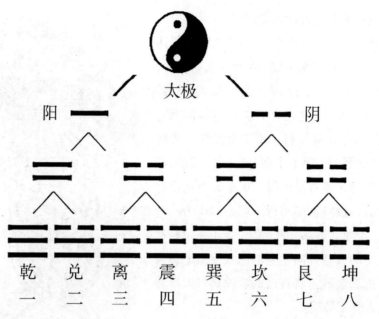

太极

阳 —— 阴 ====

乾 兑 离 震 巽 坎 艮 坤
一 二 三 四 五 六 七 八

《周易》阴阳八卦图，卦象由阳爻（实线），阴爻（虚线）组成

　　令人惊叹的是，现代科学揭示的DNA（基因）分子双螺旋结构，和几千年前的"玄"字结构，几乎一致！这是惊人的巧合，还是"玄"字里蕴含着古人洞见宇宙奥秘的智慧？

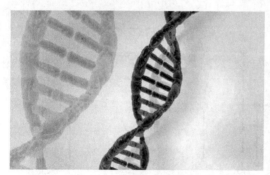

DNA双螺旋结构图一

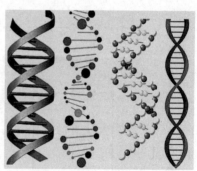

DNA双螺旋结构图二，结构图形酷似先秦"玄"字

　　DNA双螺旋结构中"左旋""右旋"，揭示了生命的密码和宇宙的根本规律。当代学者熊春锦提出，老子《道德经》中的"玄"，实际上就是对"双螺旋结构"的命名，这里面既有左旋"朴"，也有右旋"素"，更有中央的一

[子]

个"众父"(笔者按,《道德经》第二十一章,帛书为"众父",也有一些版本仍写作"众甫",姜宝昌注:"甫"同"父"。)轴,在"无为而治",所以"执中守一"是自然大道、万物与人类都必须遵守的治理法则。(熊春锦《东方治理学》)

五、两面镜子,同一个世界

古希腊哲学家赫拉克利特说过,"人不能两次踏进同一条河流"。孔子亦感慨:"逝者如斯夫!"两位贤哲都以奔腾不息的河水,来说明一切事物都在不停地运动、变化、发展的宇宙原理,和"性空""道"揭示的辩证法则哪里有什么区别呢!

"性空缘起"与"道玄",是两面镜子,观照的是同样的世界。当我们通过这两面镜子相互审视,蓦然"证悟"——千百年来对于《道德经》某些段落的不同"注释"和讨论,或可以止矣。让我们来看看分歧较多的几个段落:

《道德经》第六章:"谷神不死,是谓玄牝。玄牝之门,是谓天地根。绵绵若存,用之不勤。"对于"谷神"是什么,千百年来的争论没有停止,如果我们用"性空缘起"来理解,则疑惑顿释矣。

《道德经》第五十章:"出生入死。生之徒,十有三;死之徒,十有三;人之生,动之于死地,亦十有三。夫何故?以其生生之厚。盖闻善摄生者,陆行不遇兕虎,入军不被甲兵;兕无所投其角,虎无所用其爪,兵无所容其刃。夫何故?以其无死地。"这一段落,里面出现的三个"十有三"和一个"无死地"成为争议焦点。对"夫何故?以其无死地"的解释,河上公认为是"神明营护之";王弼认为是"不以欲累其身";庄子则认为是"天守全"(《庄子·达生》篇)。在众多大咖的注疏中,笔者认为苏辙的注解最接近"性空"。他找到了这一段的"密码",十分之一的人可以进入"无死地"——"至人常在不生不死中,生地且无,焉有死地哉?"(苏辙《老子解》)苏辙说的"至人"应该和"圆觉"(小乘为"缘觉")、"证悟"同理。

实际上,老子在《道德经》里多次回答过这个问题。《道德经》第三十五章:"执大象,天下往。往而不害,安平泰。"《道德经》里,"无死地"的境界还有很多种表述方式："和其光，同其尘"（第五十六章）、"见素抱朴"（第十九章）、"营魄抱一"（第十章）、"致虚极"（第十六章）、"复归于无极"（第二十八章）等。

《道德经》里出现不同注解的段落和词汇，不止于此。其实，《道德经》里的很多概念性词汇，都能在吠陀和佛教中找到一个遥相对应的词汇，通过另一种逻辑，为我们阐释着相近甚至相通的义理。如，"恒无欲也"（对应"缘觉"）、"恒有欲也"（对应"无明"）、"有名"（对应"色""缘起""万法"）、"无名"（对应"空""妙有""真如"）……如果我们用"性空缘起"和"道玄"两面镜子相互映照，换个维度望去，"众妙之门"就在那里。

"道，可道也，非恒道也。"（帛书《老子》）茫茫宇宙，终古常新。空间与时间的永恒才是"恒道"；"色即是空，空即是色"（《般若波罗蜜多心经》），"如梦幻泡影，如露亦如电"（《金刚经》），"性空缘起"才是令我们敬畏的宇宙法则。

"观古今于须臾，抚四海于一瞬。"（陆机《文赋》）在著名物理学家杨振宁眼里，宇宙是一个一个方程式：

空间大至星云群，小至基本粒子内部；
时间长至100亿年，短至10^{-28}秒。

（杨振宁教授语录）

量子力学从科学意义上揭示了"空"的真实存在。在粒子世界里，我们看清了"玄之又（有）玄"的瞬息万变，目睹了"如如不动"的华严尊容。杨振宁引用18世纪英国著名诗人威廉·布莱克的诗句，表达了他的宇宙观。让我们一起分享，作为本篇的结束语：

一粒沙尘里有一个世界，
（To see a world in a grain of sand.）
一朵野花里有一个天堂。
（And a heaven in a wild flower.）

[子]

把无穷无尽握于手掌，

（ Hold infinity in the palm of your hand. ）

永恒宁非是刹那时光。

（ And eternity in an hour. ）

（作者单位：房国栋，青岛电视台；张丹梅，青岛第二十六中学）

黄龙三关

——禅语的活力（二十四）

陈　坚

　　黄龙慧南禅师（1002—1069）乃是禅宗临济宗黄龙派的创始人，他有所谓的"黄龙三关"传世。大家且看《五灯会元》卷十七之如下所载：

　　　　师（指黄龙慧南禅师）室中常问僧曰："人人尽有生缘，上座生缘在何处？"正当问答交锋，却复伸手曰："我手何似佛手？"又问："诸方参请，宗师所得？"却复垂脚曰："我脚何似驴脚？"三十余年，示此三问，学者莫有契其旨。脱有酬者，师未尝可否。丛林目之为"黄龙三关"。

　　所谓"黄龙三关"，就是黄龙慧南禅师的如下三问：

　　1.人人尽有生缘，上座生缘在何处？
　　2.我手何似佛手？
　　3.我脚何似驴脚？

　　你能回答这三个问题吗？反正当时"三十余年"没人能回答，"学者莫有契其旨"，偶尔有人作一答，黄龙禅师也是不置可否。后来，黄龙禅师自己就"黄龙三关"作一颂曰：

生缘有语人皆识，水母何曾离得虾？但见日头东畔上，谁能更吃赵
州茶？我手佛手兼举，禅人直下荐取。不动干戈道出，当处超佛越祖。
我脚驴脚并行，步步踏著无生。会得云收日卷，方知此道纵横。

又作一"总颂"曰：

生缘断处伸驴脚，驴脚伸时佛手开；为报五湖参学者，三关一一透
将来。

我们就结合黄龙禅师的这两则自颂来大胆地闯一下"黄龙三关"。首先
看第一关"人人尽有生缘，上座生缘在何处"，此关的关键是"生缘"一词，
那么什么是"生缘"呢？百度百科对之有两个解释："1.佛教语，尘世的缘分；
2.佛教语，受生转世的因缘。"从自颂的首句"生缘有语人皆识，水母何曾离
得虾"来看，"生缘"的意思应该是"受生转世的因缘"，而且"生缘有语人
皆识"，这是个谁都知道的佛教常识，这个常识就是我们通常所谓的"轮回"
转世，即每一个众生都是由其前世转生而来的，比如水母的前世就是虾，"水
母何曾离得虾"，水母就是由虾转世而来。不但水母如此，我们人也一样，
我们每一个人也都是"轮回"转世而来的。"水母何曾离得虾"，这虾不但能
向下转世为水母，因为水母是最低等的动物，而且能向上转世为最高等的动
物人，这人还能在"日头东畔上"优哉游哉地喝喝"赵州茶"，学上佛了。
佛教的这种可上可下的"轮回"转世思想，其专业术语叫"六道轮回"，其
中的"六道"乃是指地狱、饿鬼、畜生、人、天、阿修罗。关于这"六道轮
回"，很多佛经都会涉及，比如《楞严经》中说：

以人食羊，羊死为人，人死为羊，如是乃至十生之类，死死生生，
互来相啖，恶业俱生，穷未来际，是等则以盗贪为本。

这段经文告诫人们不要杀食动物，若杀食下辈子就会"轮回"转世成动物，
比如人杀羊吃肉，下辈子就会变成羊，而被杀的羊则会变成人，这就是所谓

的"以人食羊，羊死为人，人死为羊"。再看一个与宝志禅师（418—514）有关的"轮回"转世故事。宝志禅师乃是南北朝时期梁武帝非常敬重的高僧，被时人尊称为"志公和尚"。这个故事在佛教界非常有名，网上到处转载，我这里也不妨转载一下，与大家共享，曰：

> 梁武帝时，就有一位高僧志公和尚，他有很大的神通。某次，一个有钱人家有婚事，便请志公和尚去念经。他一踏进门口，便叹息道：
> "古古怪，怪怪古，孙子娶祖母。
> 猪羊炕上坐，六亲锅里煮。
> 女吃母之肉，子打父皮鼓。
> 众人来贺喜，我看真是苦！"
> 原来，这位祖母在临终时，心里很舍不得，拖着孙儿的手说："你们都成家立业，唯独我这个小孙儿，没有人照顾。唉！怎么办呢？"说完便去世了。因此因缘，祖母死后神识便托生到邻村成为一个女孩，女孩长大后成了孙子的媳妇。
> 志公和尚往炕上一看，原来，从前被人宰的猪呀羊呀，现在都回来吃人，抵偿宿报，所以便说"猪羊炕上坐"。志公和尚往菜锅里一看，以前专吃猪羊的六亲眷属，现在反而回来受人烹割，在锅子里还债，因此便说"六亲锅里煮"。
> 在外面，一个女孩子正在吃猪蹄子，吃得津津有味，这只猪原来是她前世的母亲，所以说"女吃母之肉"。志公和尚再看看那些奏乐的，打锣鼓、吹喇叭、吹笛子，好不热闹！有个人用力地打鼓，鼓是驴皮造的，而这驴竟然是他前世的父亲啊！所以说"子打父皮鼓"。
> 于是，"众人来贺喜"大家都以为这是喜庆之日，但志公和尚只叹息："我说真是苦！"其实是人以苦为乐呀！

我想这个故事的语文意义及其佛学含义大家都能看得懂，它实际上是在告诉我们每一个人要反思自己的前世今生和来世，或者就像赵本山在小品中所说的"昨天、今天和明天"，比如我们今天身为一个人，这个人究竟是什么因缘转世而来的？又，我们今天的所作所为，是不是会使我们下辈子转世而为一头猪或一只羊？这就是黄龙禅师所追问的"黄龙三关"的第一关"人人尽有生缘，上座生缘在何处"，这一关你能过了吗？

闯过了第一关，我们来到了第二关"我手何似佛手？"不过在闯第二关之前，我们有必要"磨刀不误砍柴工"先来复习一下古希腊著名的"斯芬克斯之谜"。斯芬克斯其实是一头狮身人面且长着一对翅膀的怪兽（据说起源于古埃及的"狮身人面像"）。斯芬克斯怪兽每天坐在忒拜城附近的悬崖上，叫路过的人猜一个谜语，曰："什么动物早晨用四条腿走路，中午用两条腿走路，而到了晚上又用三条腿走路？"路人如果猜不出来或猜错了，就会被他害死，这个故事也颇有"闯关"的意思，而且也是要闯"三关"，我们不妨称为"斯芬克斯三关"以比拟于"黄龙三关"。自从斯芬克斯设关出谜以来，一直无人猜得出来而冲关成功。不过，有一天，这个谜语被路过的俄狄浦斯猜中了，致使斯芬克斯羞惭难当，只好跳崖而死——俄狄浦斯"闯关"成功！该故事载入索福克勒斯所写的古希腊著名悲剧《俄狄浦斯王》中。那俄狄浦斯猜中的谜底究竟是什么呢？就是远在天边近在眼前的"人"。人这种动物啊，婴孩时期爬着走，属于"早晨用四条腿走路"；长大后直立行走，属于"中午用两条腿走路"；最后老了，要拄着拐杖走路，属于"晚上又用三条腿走路"。

"斯芬克斯三关"已为俄狄浦斯所破，那"黄龙三关"呢？按照禅宗的说法，这"黄龙三关"不破，也会死于句下。那究竟该如何破呢？"黄龙三关"的第一关"人人尽有生缘，上座生缘在何处"前文就算已经破了，至于后面两关，也就是第二关"我手何似佛手"和第三关"我脚何似驴脚"，我觉得可以参照破"斯芬克斯三关"的方法，将两关合并起来一起破。现在我先请大家闭上眼睛将"我手何似佛手"和"我脚何似驴脚"这两句"关语"形象化，想象有一个人，或者一个动物，长着一双佛手和两只驴脚。驴脚大家应该都知其大概模样，那佛手究竟是什么样子的呢？肯定不是广东佛手瓜那个样子。佛手的样子可从佛的"三十二相"中得以一见。佛经上说，佛有"三十二相"，其中有五相是关于手的或与手有关，分别是：手指细长相、手足柔软相、指间缦网相、垂手过膝相。除了"三十二相"，佛还有"八十种好"，在这"八十种好"里，涉及手的就有十一相，分别是：指圆而纤、五指文藏覆、脉深不现、毛右旋、手足满足、手足如意、手文明直、手文长、手文不断、手足软净滑泽、手足为有德之相。五相再加上十一相就是十六相。佛手的这十六相有实有虚，如果有人有足够的画技能将其画出来，那肯定是大大有别于一般人一般的手。不过，画不出来也不要紧，我们至少可以从佛手十六相中看出它之不同于常人之手。从这个意义上来说，一个长有"佛手驴脚"的人，岂不就与"狮身人面像"有点异曲同工了吗？实际上，我们根本用不着拿遥远的古埃及古希腊的"狮身人面像"来说事，我们自己中国文化中就有类似的形象，比如《西游记》中的猪八戒和孙悟空就是，他俩也是一半是人一半是动物，或者像作家王朔所说的"一半是火焰一半是海水"。我们的文化之所以要将人塑造成这种"一半一半"的模式，乃是因为真实的人本来就是很复杂的，没有什么单纯的人，人都是"一半一半"的"双面人"甚至"多面人"，就像下面这首偈语所说的：

> 自古人生最忌满，半贫半富半自安；
> 半命半天半机遇，半取半舍半行善。
> 半聋半哑半糊涂，半智半愚半圣贤；
> 半人半我半自在，半醒半醉半神仙。
> 半亲半爱半苦乐，半俗半禅半随缘；
> 人生一半在于我，另外一半听自然。

另外，唐代诗人元稹那首著名的《离思》亦有此意，曰：

> 曾经沧海难为水，除却巫山不是云。
> 取次花丛懒回顾，半缘修道半缘君。

元稹这首脍炙人口的爱情诗，流传的往往只是前两句，至于后两句，可能就很少有人去注意了。实际上，后两句才是全诗的高潮，其意是：我从花丛中走过都懒得回头去看那美丽的花朵，而我之所以无心看花，一半是因为

[子]

我专心于读书修道，一半是因为曾经拥有过你。这就将"曾经沧海难为水，除却巫山不是云"这句千古名言的真意给衬托了出来。在我看来，一句"半缘修道半缘君"实在是一个失爱或失恋读书人的真实表白，光讲其中一半都不真实，只有讲"一半一半"才真实。人的这种"一半一半"的多面向性，若落实到佛教上，就是一个人既有佛性又有动物性。黄龙禅师问"我手何似佛手"和"我脚何似驴脚"，实际上就是设计了一个有着"佛手驴脚"的人的形象，并借这个形象来呈现"人既有佛性又有动物性"这么一个佛理。

如果在佛教史上要找这么一个例子，首先想到的非古印度的龙树菩萨（Nāgārjuna bodhisattva，生卒年不详，公元 2 世纪时人）莫属。也许你会觉得奇怪，龙树菩萨可是著名的佛教理论家，他是印度佛教大乘空宗的创始人，被称为"释迦第二"；同时他还被中国佛教尊为"八宗共祖"，这么一个佛教大咖，怎么会是"佛手驴脚"一半是佛一半是动物呢？

大家少安勿躁，确实如此。这个龙树啊，原本是南天竺婆罗门种姓。他年轻的时候，据说特别聪明，学啥会啥，把社会天文地理上上下下所有的知识和技艺都学了个遍，但他总觉得学这些没意思，为寻求刺激，就去跟一个术士学随心所欲的隐身术，当然也是一学就会。龙树学了隐身术后，便和另外三个同样学了隐身术的人一起，混入王宫调戏轻薄宫中妃子，甚至导致一些人怀孕。后来丑事败露，龙树差点像另外三个同伙一样被宫中大内逮杀。当时龙树就暗暗发誓，要是这次能活着逃出王宫，我就皈依佛门出家为僧，再也不干这等荒唐事了。他也算幸运，最后真的逃出了皇宫捡回了一条小命，并如誓出家为僧，从而有了后来佛教史上大名鼎鼎的龙树菩萨。

你看这龙树居然也有荒唐不着调的一面，从这个意义上来说，龙树可不就是一半动物一半佛吗？不但龙树是，而且弘一大师（1880—1942）也是，因为后者年轻时也是纨绔子弟。实际上，无论是东方的佛教，还是西方的基督教，都有类似的伟人，比如古罗马天主教思想家、教父哲学的重要代表人物奥古斯丁。据奥古斯丁的自传《忏悔录》，年轻时曾荒淫无度，生活作风有问题，甚至偷鸡摸狗。当然，我们在说奥古斯丁时，肯定不应该说"佛手驴脚"，而应该依葫芦画瓢地说"神手驴脚"了。

西方"神手驴脚"的事我们就不管了，而且也懒得管，我们就说东方的"佛手驴脚"好了。刚才我们以龙树菩萨和弘一法师为例给出了"佛手驴脚"的具象，实际上天台宗还对"佛手驴脚"作出了理论阐述。天台宗有个"性具善恶"的理论，说的就是"佛手驴脚"之事。这个理论大致是这样的：世出世间有地狱、饿鬼、畜生、人、天、阿修罗、声闻、缘觉、菩萨以及佛之"十界"。其中，前六界叫"六凡"，代表"恶"；后四界叫"四圣"，代表"善"。在这"十界"中，每一界众生都具有其他九界众生的特性，比如地狱界众生，不但具有地狱性，而且具有饿鬼性、畜生性、人性、天性、阿修罗性、声闻性、缘觉性、菩萨性、佛性；人界众生，也就是我们每一个人，不但具有人性，而且具有地狱性、饿鬼性、畜生性、天性、阿修罗性、声闻性、缘觉性、菩萨性、佛性；佛界众生，也就是佛，不但具有佛性，而且具有地狱性、饿鬼性、畜生性、人性、天性、阿修罗性、声闻性、缘觉性、菩萨性；其他界的众生"亦复如是"，即每一界都是既具有"六凡"之恶性，又具有"四圣"之善性。因而，每一界众生都是善恶互具的，差别只在于善恶状况不同，有的善隐恶显，有的恶隐善显，而不是善有恶无或恶有善无。比如佛，他有善性是肯定的，但不能将佛"有善性"简单地理解成"是善性"，因为他还具恶性，只是他的恶性是隐而不露的，平时一般都显露"菩萨低眉"之善性。然而，一旦觉得需要以某种恶的方式来教化众生时，他就展示其"金刚怒目"之恶性以恶的化身来教化众生，这就是佛基于教化语境的"性具善恶"，是天台宗的核心思想之一，我的博士论文就是研究这个的，题目叫《烦恼即菩提——天台宗"性恶"思想研究》，有兴趣一读的读者可以读读，当然也可以读一些与天台宗有关的其他读物，其中应该有能够帮助你了解佛"性具善恶"的内容。我举例说明什么叫佛"性具善恶"，尤其是佛"性具恶"，因为佛"性具善"是用不着解释的。例子实际上是大家司空见惯的：在战争年代，一个平时温文尔雅甚至遵从温良恭俭让的"善良"战士，一到战场上可能就变得"恶"起来，杀敌无数——禅宗有时将禅师称为"作家战将"，原因在此。

当我们从佛说到战士的时候，其实也就说到了人。在天台宗看来，不但佛"性具善恶"，而且我们每一个人也是"性具善恶"的。我们平时所常说的"人人皆有佛性",就是这个理论的一小段横截面。按照天台宗人"性具善恶"的理论,就像刚才所已经开列的,人不但有人性,而且有佛性和畜生性,亦即其他界众生之性,而其中的畜生性,不就是动物性或"驴性"吗?所以,当我们说人不但有人性,而且有佛性和畜生性的时候,人的"佛手驴脚"也就展现出来了。难道不是这样吗?阿弥陀佛!

(作者单位:山东大学佛教研究中心)

简论明清通俗文学中济公形象的经典化

尹冠桦

　　济公本是南宋僧人，俗名李修元，法号道济，时人称其为湖隐、方圆叟，浙江天台人。从文献记载看，济公性嗜酒，有诗才，虽举止怪诞，但博施济众，惩恶扬善，圆寂后涌出舍利。明清时期，商品经济迅速发展，传统出版业愈加繁荣，市民人口大量增加，有着迫切的文化消费需求。通俗文学经历了宋元时期的初步发展而迎来兴盛，占据了文学主流地位。小说和戏剧是明清通俗文学的主要形式。济公的故事主要以话本小说的载体形式被演绎，其形象不断被重塑和建构，经历了神化与俗化的演变历程，被赋予了民间理想特质，最终形成了经典化形象：既是手持破扇、头戴破帽、饮酒吃肉、四处游走的疯和尚"济颠"，又是行侠仗义、扶危济困、黜邪崇正、神通广大的圣僧"活佛"。

一、济公形象的雏形

　　文献记载中的济公是以历史真实人物为原型塑造出来的具有丰富内涵和深刻意义的人物形象。关于济公事迹的记载散落在宋及以后历代的宗教典籍、诗文集、笔记、地方志和俗文学等材料当中，从中可窥见济公形象中"颠""济""才"的特质。

　　最早关于济公生平事迹的可靠文献记载见于南宋释居简《湖隐方圆叟舍

利铭》(以下简称《舍利铭》)。释居简,字敬叟,号北磵,潼川(今四川三台)人,南宋嘉熙间移住杭州净慈寺,为道济师侄辈僧人。《舍利铭》是居简为道济圆寂后写的舍利铭文,其所载事迹较为可信。铭文中记载了济公的家世和师承,"叟名道济,曰湖隐,曰方圆叟"说明了他的法名及别称。又,"狂而疏,介而洁","与蜀僧祖觉,大略相类,觉尤诙谐"点出了道济性格狂疏狷介,放浪形骸,不尊法度,超然物外,有魏晋名士之风。又好游历,衣衫褴褛,身为僧人却嗜酒成性。这些在时人看来不守成规的举动,都成为后来塑造济公形象"颠"的核心素材。铭文所载道济"勇为老病僧办药石"等事件,是济公形象中"济"这一核心要素的缘起。在"颠"和"济"的对比下,济公"才"这一特质易为人们所忽视,《舍利铭》言"天台、雁宕、康庐、潜皖,题墨尤隽永",这足证济公的才华。南宋贾似道《促织经》最早记载济公诗作《济颠和尚瘗促织鹧鸪天》,此诗还编入话本当中。明代吴之鲸《武林梵志》也收有济颠诗,济公多数作品存于《净慈寺志》和《台山梵响》中。

《舍利铭》中记载道济圆寂火化后留下许多舍利,"邦人分舍利,藏于双岩之下"予以供奉,这种佛教信仰色彩的加入是济公形象神化的起源。后世文献中对济公形象的塑造继续向神化发展,并出现了俗化这一发展方向。文人笔记中最早记载济公事迹的是明代沈周的《石田翁客座新闻》,其中"济颠僧"一则记载济公可预知未来之事。明代田汝成在《西湖游览志余》中记载了济颠的事迹和像赞,此时济公从嗜酒到饮酒食肉,从远离城市到步入市井,向俗化发展;"济"人的一面由"办药石"发展到"为人诵经下火,累有果证",显示出神化的迹象。明代释大壑《净慈寺志》中可明显看出济公形象的神化,济公拥有了神通本领,可以托梦、御风、驭物。明代释传灯《济颠传》、清代《天台县志》以及《浙江通志》等都有类似的记载。

从铭文、笔记等的简略记载中,我们隐隐见到一个"颠""济""才"兼备的济公形象雏形。济公形象的建构将看似不能融合在一起的特质化而归一,这不仅使后来的创造者有了更多的阐释和想象的空间,也迎合了读者期待和市场需求,后来的明清话本小说等通俗文学,都是在这些核心要素的基础上对济公形象进行神化和俗化的再创造。

二、济公形象的神化

随着济公形息名彰，他的形象经过历代通俗文学的接续改编而逐渐神化。在明清小说的塑造中，济公故事逐渐丰富，形象逐渐饱满。济公的神化主要从行善助人、行为怪异的凡僧，发展到拥有法术、能作偈语的罗汉，再到神通广大、法力无边的活佛。这一由凡人到神佛的神化过程赋予了济公形象丰富的内涵和深刻的意义，也反映了不同时代的社会状态下民间百姓美好的愿望和想象。

（一）由凡僧到罗汉

《舍利铭》记录了较为真实的济公，但其不融于众、异于常人的举止与本该遵守清规戒律的僧人身份产生了矛盾和强烈反差，而圆寂后形成的晶莹灿烂的舍利推动了济公信仰的萌发和济公形象的神化。《金光明经》中说舍利是"戒、定、慧之所熏修，甚难可得"。世人将济公舍利藏于双岩下供奉，一方面说明了济公自身修行功德的高深，人们认可了济公不拘泥形式的修行方式；另一方面也说明了在天台禅宗文化场域下，人们对济公的崇敬和信奉。这些原始事迹也都成为济公后来被神化的素材。随着济公的神化，明代已经出现了济公是罗汉转世投胎的说法。济公由凡僧神化成罗汉有以下几个特定要素。

1. 出生异景

古人相信天命论，在这种思维模式下，重要人物的出生大多伴随着异象，预示此人未来命运的不平凡。明代题"仁和沈孟桦述"《钱塘湖隐济颠禅师语录》（以下简称《济颠禅师语录》）是济公小说中最早的一种，其中记录了济公出生时的异景："忽一夜，王夫人梦吞日光，自此得孕。十月分娩，时值宋光宗三年十二月初八日一更时分，生得一男。红光满室，瑞气盈门。"明清之际署"天花藏主人编次"《济颠大师醉菩提全传》（以下简称《醉菩提传》）中"梦吞日光"已经演变成了"吞五色莲花"。明清之际题"西湖香婴居士重编"《新镌绣像麵头陀济公全传》（以下简称《麵头陀传》）和清代郭小亭著《新刊绣像评演济公传》（以下简称《济公传》）都对出生异景有类似记载。济公出生时的神奇异象在小说的发展演变中不断沿袭，赋予济公形象神秘的色彩，也成为其形象神化的特定要素之一。

2.罗汉转世

在明清小说中，济公是罗汉转世投胎的情节不断被加工着墨，进行各种演绎。大致为济公前世是座上罗汉，静极思动，原身粉碎之后因各种因缘投胎到李茂春家中。

《济颠禅师语录》和《醉菩提传》对济公转世投胎情节的描述都比较简略，只言罗汉（《济颠禅师语录》称"紫脚罗汉"，《醉菩提传》称"紫磨金色罗汉"）倒地，静极而动转世投胎。《麹头陀传》是在此基础上的发展演化，其对罗汉转世投胎的细节进行了进一步丰富与发展，并言济公前身是梵光尊者。《麹头陀传》的改编不仅使济公投胎故事更有可读性，而且使情节更加合理化。而《济公传》又继续进行了丰富与改造，书中第一回说善人李茂春和妻子到国清寺求子，"到了罗汉堂拈香，方烧至四尊罗汉，忽见神像由莲台坠地"，王夫人回家不久便怀身孕。待到灵隐寺元空长老见到济公时，便知"他是西天金身降龙罗汉降世，奉佛法旨为度世而来"。此时济公的降龙罗汉称号是佛教在中国传播过程中的本土化，与中国的"降龙伏虎"联系在一起，融入中国文化的话语圈，这样更能迎合受众心理。至此，济公是罗汉转世的设定已经被越来越多人所接受，济公的罗汉形象经历了从紫脚罗汉到紫磨金色罗汉再到有具体名号的梵光尊者，最终定型为降龙罗汉，这也体现了民众在造神意识和审美意识下对神佛英雄的渴望与期待。

3.神妙法术

济公拥有神妙的法术是其由凡僧到罗汉的神化过程中另一重要因素。早期小说中，济公法术的运用大多在宗教向度内。如《醉菩提传》中，他运用法术古井运木，修缮寺庙，呕吐成金，重镀佛像。济公能知晓过去未来，助人化解灾难，用三昧真火治病救人，超度生灵，助其投胎转世。济公在尘世运用法术，济世救人，彰显佛门慈悲。济公在《麹头陀传》中的罗汉形象更多的是度化世人，济公运用法术救人后，许多被救者受到感化，进入净室修行，吃斋参禅。小说有特定的时代意义，此时济公的神化更多是用来规劝佛门子弟安分行事，度化众人领悟禅宗精神。到《济公传》，济公的法术已经脱离了佛教枷锁的束缚而更加自由。济公通过显现罗汉真身，震慑妖怪。书中第七回，济公"自己用手一拍天灵盖，透出佛光、灵光、三元。别人瞧着和尚还是照旧肉体凡胎，妖精一看，唬得惊魂千里，见和尚……活活一位知觉罗汉。拿金光一照妖精，照去了五百年的道行"。此时济公的破帽破扇破衣也成了他的法器，还收了弟子与他一起降妖除魔。由此他的形象将进一步神化，进入圣僧活佛的阶段。

（二）由罗汉到活佛

济公形象的神化最终在《济公传》中定型为圣僧活佛。《济公传》中对济公形象的塑造脱离了浓重的宗教氛围而注重儒家道德的宣扬。随着济公的事迹逐渐流传，人们尊称他为"活佛"。济公身上也逐渐汇集了扶危济困、惩恶扬善、除暴安良诸多品质，表现出普度众生的境界。与宗教的严肃性不同，百姓认为济公是当世"活佛"，化身人间，具有亲近感与生动性。济公的"活佛"形象具有以下四个方面的特征。

1.惩恶扬善的义举是根本

济公最终神化为活佛，最根本的原因还是济公扶危济困、乐善好施、疾恶如仇、专管人间不平事的义举，使百姓信任他、尊敬他、崇拜他。不同于被动接受命运考验而与命运抗争的英雄人物，济公主动寻找人间疾苦。他洞察世间百态，却从不冷眼旁观，以积极入世的方式伸张正义，帮助他人化解危难。他就像救世主，在黑暗残酷的社会现实中拯救遭受压迫的善良百姓。《济公传》中，济公扶危助困，捉拿妖魔，替人间伸张正义，为百姓排忧解难。有些情节看似怪诞离奇，但都是济公惩恶扬善的义举。

随着济公的神化，济公助人范围不断扩大，从最初帮老病僧人办药石，到为人下火超度，再到后来无论是市井商贩、贫苦书生，还是宰相官员，不论身份贵贱，皆以道德为评判标准。处理事情的种类也越来越多，涉及恶霸欺民、夫妻感情、人命官司等。济公深入民间，保护百姓，排除艰险，智斗妖魔，充分显示了"活佛"的宽广胸怀与崇高境界。人们希望出现像济公这样的"活佛"来保护他们免受苦难，他们将对美好生活的憧憬寄托在这种超现实的想象与建构中。

2.疯癫邋遢的外表是伪装

济公外在形象很难让人将他和活佛联系在一起。他疯疯癫癫，游走于市井之间，深谙人情世故，言行举止中带有浓厚的生活气息。正因为邋遢的穿着打扮和装疯卖傻的行为，让济公很容易隐匿于市井，融入百姓之中。疯癫邋遢的外表是其行善除恶"活佛"本质的伪装。

无论是惩戒恶人还是帮助好人，济公都喜欢先将其戏谑捉弄一番，好似市井无赖，又像稚气未脱的孩童，令人忍俊不禁，无可奈何。《济公传》第二回中，济公要解救上吊的董士宏，先将其戏耍一番，宛若泼皮无赖，而后才言要助其寻女。济公的疯癫表现正是他活佛本质的伪装外衣。济公"每日出去化缘，在临安舍药救人，普度群生，竟记名徒弟收了无数，也不露本来面目，装疯作傻"，可见其活佛的本质，而"装疯作傻"更显其助人的低调。在这种视觉和心理的反差之下，当显示神通时，其神化的色彩便更加强烈。济公是从市井底层走出来的神人，与百姓关系密切，体恤底层不易，与那些欺压百姓的贪官恶吏斗智斗勇，所以即使其外表邋遢、行为疯癫，百姓也愿意信赖这样的"活佛"。

3.神通广大的本领是辅助

清代小说中，济公活佛的神化达到一个高峰，此时济公神通广大，无所不能，这成为他扶危济困、降妖除魔的手段，显示了"活佛"的特质。济公能够占验未知之事，《济公传》第十七回中，"济公按灵光连击三掌，早已占算明白，说：'苏北山，我可不能在你这里，我要走。秦丞相派人拆我庙里大碑楼，我要斗斗这个秦丞相！'"他用手一指，便可以将贼人用神法定住；六字真言一念，可以控制恶人、化解妖法。济公广大的神通还表现在经常以随身之物为法器来显示灵通：破僧帽既可捉妖，又能治痛病；破僧衣可随意变化大小；随身携带的酒葫芦永远装不满酒。

济公被世人塑造成爱憎分明、扶弱凌强的理想化形象，他的神通帮助他维护人间正义。他借助神通和法器惩治恶人的情节，让人读来大快人心，正义必将战胜邪恶的价值导向也体现了人们的道德期盼。在济公神化形象的推行下，民间出现不少供奉济公神像的庙宇，说明济公在百姓心中确实已是活佛般的存在。

4.宽大为怀的心胸是境界

济公的"活佛"形象还体现在他宽广的胸怀和高尚的境界。首先，济公安贫乐道，淡泊名利，虽然看起来不守法度，狂放不羁，但是他能够不滥用神通为自己谋私利，也不随意接受他人赠予的谢礼。其次，他伸张正义时惩罚有度，并非一味赶尽杀绝，而是度化恶人，令其悔改。《济公传》中，狐狸精扮成的王月娥本想劝解周志魁，但因周一直纠缠，狐狸精才生歹念，盗取周的真阳来炼丹。济公知道狐狸精本无心害人，因此对她进行震慑和劝诫后便放了她一条生路。只要作恶之人诚心悔过，济公还是大度地给他们改过自新的机会，如秦相夫人和儿子作恶，他们主动悔过之后也能得到宽恕。这种宽恕的行为看似容易，却并非一般人能轻易达到的境界。济公能够洞察世事，虽然深知世间的钩心斗角，但是依然在尘世中保持内心的坚定与清醒，能够做到不慕名利，惩罚有度，足见其慈悲为怀的"活佛"本质。

三、济公形象的俗化

济公的故事本以民间文学为依托广泛流传于世，他以民间神的形态存在并活跃于俗文学的创作与构建中，戏曲、民歌、鼓词、宝卷、弹词、话本、章回小说等艺术形式都对济公故事进行过演绎。济公形象经历了由凡僧而罗汉再到活佛的神化过程，另一方面，俗化是济公形象塑造的另一个趋势。明代后期，商品经济逐渐瓦解了自给自足的经济基础，改变了人们的生活方式，使人们的审美情趣趋于世俗化，这影响了文人创作的审美倾向和民间文学受众的审美需求。在民间文学文本创作和文本接受的双向世俗化过程中，对济公形象的塑造逐步走向俗化。

（一）外貌的俗化

济公的疯癫邋遢是其外貌俗化之后的经典形象。通过考究不同时期文献对济公外貌的描写，会发现其形象的差异与变化：创作者为突出济公疯癫的特点，越来越夸大济公的"邋遢"，形成了济公外貌向俗化发展的趋势。

南宋释居简《舍利铭》记载济公是富家子弟，饱有诗才，有魏晋风度，皈依佛教后以衣易酒，只是有些许落魄，没有对其外貌过多描写，也并未有"疯癫邋遢"的记载。

明代《济颠禅师语录》较早描述了济公放荡不羁、不修边幅的形象。其卷首有"平石子临"的济颠画像，为一持禅杖的僧人。画像后有《五竞斋赞湖隐》，言其"眉毛厮结，鼻孔撩天"，"有时结茅晏坐荒山巅，有时长安市上酒家眠。气吞九州，囊无一钱"，展现了济公不修边幅、嗜酒成性的形象。其后的《醉菩提传》和《麹头陀传》皆记载济公少时眉目清秀，出家后才逐渐"疯癫"化，丑头怪面，衣衫败坏，饮酒食肉，无所顾忌。与明代像赞相比，这些描述承继了面孔奇怪及嗜酒行为等特征，又增加了济公痴、懒、脏的特征，外貌进一步俗化。

清代《济公传》对济公外貌的描述更加邋遢不堪，基本成了后世各种艺术形式演绎中形象的定型。"脸不洗，头不剃，醉眼捏斜睁又闭。""破僧衣，不趁体，上下窟窿钱串记。""破僧鞋，只剩底，精光两腿双胫赤。"简直像整日醉酒的乞丐。小说把他塑造成外貌丑陋、不参禅礼佛、既痴傻又癫狂的疯和尚。

小说中对济公外貌的描述越来越丑陋邋遢，济公的外在形象从僧人向社会底层的乞丐、无赖等小人物演变，逐渐底层化、世俗化。济公外貌的俗化也和中国古代圣人异表以及审丑意识的传统有关系，先秦时期《庄子》《荀子》《山海经》等典籍就有相关记载。后世每论及帝王怪异的样貌也暗示其非凡的能力，这是民间大众心理基因的内化，体现了民间朴素的思想。明清通俗文学中不断俗化济公，用济公的丑陋样貌反衬其形象的内在精神美，这种内外反差促进了济公在民间的流传，也推动了济公形象俗化的发展。

（二）语言的俗化

俗文学有较强的娱乐性，这是底层民众精神方面的需求，也是百姓在穷苦生活中的调味剂。济公故事主要以俗文学的方式流传在市井百姓当中，受众群体决定了济公故事的内容和形式要符合底层民众的文化水平和审美需求，通俗易懂和诙谐幽默的语言正是在这种情况下的产物。这是济公形象塑造中语言的俗化发展。

1.言语幽默诙谐

济公言语的诙谐幽默是语言俗化的一种表现。言语的趣味性使得济公形象更加贴近生活，为人喜爱。谐音的运用是其中一种方式。《济公传》中，静明、静安告诫济公又犯了戒。济公却说："我不知道，身上疼痒，疥又犯了。"济公将清规戒律故意误作身上长的疥，让人读来忍俊不禁；还将"造化"故意说成"灶火"，使人不得不再作解释。谐音的运用使言语更加生动诙谐，在文字游戏中突显了济公的聪明机智。

逻辑矛盾也是济公言语诙谐的一种表达方式。《济公传》中，去周员外家捉妖时，济公和刘老道之间的对话便充分表现了这一点。"和尚抗起韦驮像一同走，说：'刘道爷，你贵姓？'老道说：'你叫我刘道爷，又问我贵姓，你是个疯和尚。'"济公和两个班头的对话也如此，"贵姓呀田头？""万头贵姓啊？"这种刻意导致的言语矛盾也给济公平添了一份滑稽。济公偶尔还会信口胡言，将毫无关联的事物进行组合。比如刘老道问济公是哪个庙的，济公回答"我在取马菜胡同黄连寺，名字叫苦核"。这种莫名其妙的组合产生喜剧效果，令人捧腹。这种言语上的诙谐效果是济公语言俗化的重要表现，也推动了济公形象的俗化。

2.诗文创作俗化

济公题材的通俗文学创作者为凸显济公诗才，借济公之口创作了很多作品。济公的诗文创作在俗文学的发展中也逐渐走向"俗化"的道路，其直接表现为诗文数量的减少。经笔者粗略统计，《济颠禅师语录》中济公创作的诗词文（包括下火作颂、募疏之词等）相对较多，全书一卷约七十二首，保留了道济和尚部分诗文真迹。《醉菩提传》和《麹头陀传》中诗词数量依然可观：《醉菩提传》全书二十回中约六十六首，《麹头陀传》三十六则中约五十五首。因《醉菩提传》源自《济颠禅师语录》，二书约有五十二首相近。《醉菩提传》和《麹头陀传》又约有二十首诗文几乎相同，仅个别字词有出入。至《济公传》，出自济公之口的诗歌数量急剧下降，一百二十回中，歌、诗和偈语约有十五首，且多为杜撰附会。通过数据统计，我们能明显看出，由明到清，随着作品篇幅的增加，所塑造的济公在诗词文的创作数量上反而减少。雅文化占比下降，俗文化占比上升，一定程度上反映了济公题材的文学作品语言多运用通俗化表达这一发展倾向。

济公诗文创作俗化的另一表现是诗词文题材呈现世俗化发展趋势。《醉菩提传》中，济公创作的《临江仙·雪》辞藻典雅，意境深远。此外，济公还创作了一些宗教题材的诗文。但是随着佛教的世俗化，文学作品中诗词文题材也向俗化发展，有关宗教题材的诗文在《济颠禅师语录》《醉菩提传》《麴头陀传》中数量逐渐减少，《济公传》中甚至罕见。《济公传》中，济公的诗词题材更加世俗化、市井化，内容涉及对金钱财富、高位权力、娼妓艳色、人生如梦的态度和看法。这一类诗相较于前两类境界较低，与明清时期的世情小说价值观相类，明显是受到当时社会世俗化审美的影响而向俗化发展。

（三）行为的俗化

济公行为的俗化主要体现在济公身上的禅风佛气逐渐转变为市井俗气、官场习气和江湖侠气。具体表现为济公触犯的戒律逐渐变多，活动范围从寺院步入市井乃至官场和江湖，对待当权者的态度从刚正不阿到阿谀谄媚等。

《舍利铭》仅记载济公破酒戒，到《醉菩提传》，济公不仅破酒戒，还开荤戒，"忽一日，大众正在大殿上，香花灯烛，替施主诵经，济颠却吃得醉醺醺，手里托着一盘肉，走到佛面前蹾地坐下，口中唱一回山歌，又吃一回肉。"小说还向破色戒试探。第七回描述了"色迷情禅"的情节，虽然济公最后未破色戒，但一定程度上反映宗教戒律对僧人约束的弱化，济公行为向世俗化发展。为避免与宗教戒律发生严重冲突，《麴头陀传》刻意创造情节使济公破戒行为合理化，将其中一些行为归为行善之举。到《济公传》中，济公除了破酒戒，开荤戒，还破了佛教大忌中的妄戒和偷盗戒。小说中济公谎言连篇，偷钱物买酒肉，这些行为都是其形象俗化的表现。

济公的僧人身份本就自带禅宗属性，尤其济公圆寂后形成的舍利和罗汉转世投胎的传说，更增添了禅宗神秘色彩。在《醉菩提传》等前期话本小说中，济公作为僧人、化缘、托梦、预言、写榜文、作颂词、为死者下火等行为，体现了浓厚的宗教气息。到清代《济公传》中，济公的佛教形象只沦为故事背景，全书侧重于儒家道德伦理的教化，他的活动范围从佛寺开始走向市井、官场、江湖等更广阔的社会场景，济公也彻底走上了俗化的道路。《济公传》中，济公深谙市井门道，得心应手地运用生存伎俩，在复杂的市民生活中过得自由自在，游刃有余，将市井的世俗气发挥到极致。

济公在与官员交往中表现出谄媚之态。《济公传》中，秦丞相被塑造成"秦桧之子"，总体上是一个负面形象。但济公对秦相十分恭维，媚态尽显。而其收受财物，耀武扬威，仗势欺人，这种势利的世俗相使人讶异，与其僧人的形象十分不符。小说此处将济公彻底世俗化，甚至有些小人姿态。

济公还走入江湖，捉捕恶人。他如同官府人员一般，与恶霸斗争，维护正义，身上充满侠气。济公的行为融入了儒家道德伦理思想，潜移默化地教化百姓。济公游走于人世间各个角落，与各阶层人士交往，在他扩大交友圈的同时，他的俗化也是必然的。

开放多元的济公形象在通俗文学创作过程中被不断重构，经历了神化与俗化的演变形成了经典化的形象。20世纪以来，随着影视技术的发展，济公形象塑造的主要载体转向影视文学。其中，电视剧《济公》的改编与传播对济公形象的经典化有巨大的推动作用。其改编在保留《济公传》故事基本框架的基础上，进行了合理想象。电视剧淡化了《济公传》中神魔鬼怪的情节，将底层民众悲苦的现实情况进行更多的展示，更加具有现实意义。其中对济公形象也进行了部分重构，其形象的俗化更多是人间化而不是市井化，更能符合其神化进程和宗教背景，这寄托了人们对济公正面形象的现实期待，具有极高的艺术影响力。济公形象的影视化使得大规模的受众迅速参与到文学经典的构建中，形成了作家作品、发现人、读者三方的对话链条，济公的经典化形象也在观众的响应、认同和共鸣中得到确认，最终完成济公经典化形象的建构。

明清通俗文学中济公形象的发展演变，神化与俗化并行不悖，二者是相辅相成、共同演进的。一方面，随着明清社会变革与动荡，底层生活日渐艰难，人们将生活的希冀寄托在宗教思想的超脱与英雄人物的拯救上，宗教的出世与英雄的入世相结合，便逐渐凝合成为济公这一"活佛"形象。由凡僧而罗汉再到活佛，这一神化历程是在底层人民的想象中逐渐构建出来的，是社会不稳定的间接产物，是社会问题在宗教与文学上的折射反映。另一方面，明清资本主义萌芽产生，社会形态不断发展，新的社会因素不断对其固有的文化和传统进行冲击和挑战，传统的社会道德与义利观念不断发生变化。在这样的背景下，人们的审美观念逐渐现实化、世俗化。这一观念表现在文学创作上，便是通俗文学的盛行，而其中对人物形象的塑造逐渐走向市井化与世俗化。济公形象的不断俗化，是在这一社会背景下，创作者与接受者双重作用的结果。外貌、语言、行为的俗化是创作者在当时环境中对济公形象的理解，也符合了当时社会中受众对济公形象的心理期待。法国文学评论家丹纳曾把种族、环境、时代三大因素归结为决定艺术品的根本原因。明清通俗文学中的济公形象就是在明清社会影响下不断发展演变，其经典化的两条道路是对当时社会变化的深刻反映。

（作者单位：山东大学儒学高等研究院）

《荛圃诗存》序

姚伯岳

农历己亥年岁末，老友《开卷》杂志主编董宁文兄发来微信，让我给南京学友张小路先生所辑《荛圃诗存》作序，同时转发来《荛圃诗存》书稿及小路先生给我的信。我虽与小路先生素昧平生，但既是宁文兄重托，又是给黄丕烈的诗集作序，义不容辞，于是慨然应允。

我晚生于黄丕烈整整200年，可以说与黄丕烈缘分不浅，1986年的硕士学位论文即以黄丕烈为题，1998年撰写出版了《黄丕烈评传》一书，之后又陆陆续续地写过几篇关于黄丕烈的文字，冥冥中总有一种和黄丕烈心心相通的感觉，很能理解黄丕烈的所思所想、所作所为，对他的言语诗文也是一见即心领神会。

黄丕烈虽然自己说"余非诗人也"，但我始终认为，黄丕烈本质上是一个诗人，他的爱书情怀也在其诗句中得到了最好的体现。所以当年我写作《黄丕烈评传》时，将他的诗句作为每一章的标题，感觉很贴切，也很美，成为这部书的一个亮点。

黄丕烈的诗大多以书为题，他自称"题书纪事诗"，如：

> 为欲访名书，寻踪到客居。刻虞鹄类鹜，抄怕鲁成鱼。善本雠非妄，前贤爱不虚。一编真足宝，可以概其余。

这是赞校明抄本《录异记》抄校之善。

重觐装潢旧，旋风叶未零。图章宜置甲，部次恰居中。我愿希千顷，君交托九灵。诗书情正切，空寐想难宁。

这是夸元刻本《丁鹤年集》版本之旧。

洪熙抄本真难得，三百年来又几春。父子储藏传是旧，友朋转徙梦庐新。一经世守逾珍宝，千卷穷搜剧苦辛。我有一桩输鲍老，好书堆案转安贫。

这是叹明抄本《优古堂诗话》授受流传之不易。

好书积习爱探奇，菉竹空伤蔓草滋。不惜扁舟乘夜泛，复翁来读放翁诗。

这是借咏残宋刻本《放翁先生剑南诗稿》道己爱书之情。

他的唱和诗仍离不开书，如《赠周香岩》：

元抄藏自我，宋刻赠由君。两美此时合，一书何地分。翻雕模旧印，缺画认遗文。嗜古怜同志，相从广见闻。

我不会写诗，更不会填词，但两年北大中文系文学专业的功底，也使我略晓好诗之妙。那么，黄丕烈的诗好在哪里呢？

我觉得黄丕烈的诗，较之其所作题跋，更能显示出他爱书好静的个性和忧喜交并、苦乐相间的复杂情感，如在《荛圃藏书题识》中写道：

半是书房半卧房，晨昏作伴有青箱。闲来磨墨亲挥翰，一砚随身友最良。〔《砚笺四卷（校宋本）》〕

睡早晓不寐，凉新晨更宜。挑灯还独坐，展卷且吟诗。细雨闻空滴，狂风任乱吹。旱荒虽可虑，我自作书痴。〔《张虫宾集一卷（校旧抄本）》〕

一书雠校几番来，岁晚无聊卷又开。风雨打窗人独坐，暗惊寒暑迭相催。〔《西溪丛语二卷（校明抄本）》〕

重阳才过喜天晴，寒月宵来分外明。一种清闲谁领得，满阶梧叶尽秋声。〔《李长吉诗集四卷外集一卷（校影宋本）》〕

他对人生悲欢离合之情的抒发也多通过诗来体现，如记得书之喜：

秋来差喜得书奇，李贺歌诗片玉词。金刻四编多赵序，宋笺十卷补陈题。冯抄别贮添余闰，陆校先储出两歧。集部先收双秘本，囊空一任笑余痴。（《详注周美成词片玉集十卷》）

求书蹋月递长笺，窥秘华阳有洞天。胜是多金遗旧物，珍其完璧愈新镌。手中叶展奇真绝，心上花开喜欲颠。添得《砚笺》友砚史，护持神物想琴川。〔《砚笺四卷（旧抄本）》〕

羡杀西湖旅寓中，得来棋谱宋雕工。今番艺术搜奇秘，欲傲虞山也是翁！〔《梅花喜神谱二卷（宋本）》〕

道落寞之愁：

旧友云烟散，新交旦暮来。异书抛欲尽，愁绪理难开。心血半生耗，容颜今岁衰。空门时念我，彼岸首应回。（《韩诗外传十卷》）

怀亡友袁廷梼：

漫说收藏五砚楼，人亡人得已堪忧。而今楼在人何在，手触遗编涕泗流。〔《周此山诗集四卷（校旧抄本）》〕

怀僧友寒石大师：

秋风生桂树，招我有山僧。白露兼旬到，清吟独学曾。遗文珍旧扇，

秘笈访同朋。展卷添愁思，何必策瘦藤。〔《增广圣宋高僧诗选前集一卷
后集三卷续集一卷（影宋本）》〕

他的纪游诗写得也很生动：

　　早发姑苏驿，扁舟指玉峰。百程红日暮，一塔白云封。偶逐名心动，
翻添客思浓。好探文笔胜，寻取旧游踪。

黄丕烈诗风多有洒脱豪放、格调高昂之气势，如咏《梁公九谏》：

　　《九谏》词犹在，文章振李唐。安危资柱石，举废得津梁。气挟雷霆
厉，心争日月光。名臣传表奏，应比赐书藏。

　　他的诗在情感、格调、气节、风骨方面都是很能打动人心的。我常想，
黄丕烈若晚生一百年，未必不是黄遵宪一流人物。
　　黄丕烈的诗多为五七言绝句、律诗，他也擅长作乐府诗，但基本上未见
其填词。我觉得词不适合他的性格，他是一个诗人，不是词人。他的诗将其
藏书、校书生活中怡悦与伤感，安闲与寂寞，兴奋与愁烦的种种情态表达得
淋漓尽致。越到晚年，他的诗兴似乎越浓。直到临去世的前两年，他还说：
"余近年喜吟咏，无可师，凡友皆师也。若者是吾师而效之，若者否吾师而戒
之，学问之道，岂不在朋友讲习哉？"作诗，是黄丕烈生命中非常重要的一
部分。
　　我对于黄丕烈的诗作，心中一直有一种眷恋难舍之情。2019年6月，
我应邀在国家图书馆"中国典籍与文化系列讲座"中开了题为"难忘黄
丕烈——古代藏书家的典范"的讲座，还特别提出今后黄丕烈研究的课题
中应该包括对黄丕烈诗歌的研究。我认为，清代的文学史，应该有诗人黄
丕烈的地位，他对于古书和藏书活动的吟咏前无古人，后无来者。在他之
前，我们没有见到过这样集中大量以书为题的诗篇；在他之后，哪怕是被
世人推崇无比的叶昌炽的《藏书纪事诗》，我认为无论在文学水平上，还

是在思想境界上，都远没有达到黄丕烈诗作的水平。黄丕烈的题书纪事诗，是诗歌史上同类作品的巅峰。

清代文人学者多有别集传世，但黄丕烈生前没有怎么编辑自己的诗文，只有《荛言》二卷，内含《述德继声》一卷、《省余游草》一卷，系其道光二年（1822）八九月乘船至金陵（今南京）为其祖坟扫墓期间所作诗篇的结集。此外，其所辑《同人唱和诗》三卷（内含《梦境图唱和诗集》一卷、《状元会唱和诗集》一卷、《虎丘唱和诗集》一卷），则是包括黄氏本人在内的诗友唱和诗集，并非黄氏自己的诗别集。民国王大隆先生曾辑有《士礼居诗抄》二卷，见于其所辑《黄顾遗书》书前目录之中，但未见传刻。

清末民初潘祖荫、缪荃孙、王大隆等人编辑的《士礼居藏书题跋记》《荛圃藏书题识》《荛圃藏书题识续录》《荛圃藏书题识再续录》等，共收黄氏题跋800余篇，其中辑录有不少黄氏诗作，可以视为黄丕烈的诗文集，但诗与文没有分开排列。

这次张小路先生辑《荛圃诗存》，取材除了上述诗集和黄丕烈各种题跋集之外，还参考了苏州博物馆新编的黄丕烈忘年老友潘奕隽资料集《攀古奕世》《须静观止》二书；此外还从清代江标所编《黄丕烈年谱》及近年嘉德拍卖图录中也录出若干首，总计共收黄氏诗作249首。以前我在《黄丕烈评传》中说，现在能见到的黄氏诗作"总计100多篇"，本书在数量上可谓是一个大的突破。诗人黄丕烈的形象，也将因此书而定格。小路先生还欲将此书设计为用《四部备要》字体竖排刷印，线装出版，则更是古色古香。试想，这样一册的《荛圃诗存》捧在手中，口啜香茗，静夜清赏，神思飞越，与古人同调，该是多么令人向往的情景啊！

2020年2月8日元宵节于学岱斋

（作者单位：天津师范大学古籍保护研究院）

"思妇临高台"

——《玉台新咏》选诗标准的女性视角和宫廷趣味

张 慧

中国古典诗歌中经常出现充满思念与幽怨的女子形象，她们或居窗前，或倚阑干，或凝眉不语，或跂而望远。读者会因为每首诗歌不同的字词组合而时常产生新的体味，也会惊异于几乎同样的题材何以如此多次地被吟咏。这种女子形象在齐梁文坛尤为突出。《玉台新咏》是目前仅存的体现这一特征的诗歌总集，其序言声称该集的目标读者是宫廷女性。

张蕾在其《〈玉台新咏〉论稿》中系统地讨论《玉台新咏》的选诗标准，即诗史、诗体观念、关注当下以及趋新倾向。其中，张蕾使用了《玉台新咏》中的《燕歌行》同题诗、"赠内寄内"题材诗，以及秋胡与妻题材的诗来纵向讨论《玉台新咏》编辑旨趣中发展的诗史观念，敏锐察觉到同题、同题材诗歌对比的可研究性。傅刚在《〈玉台新咏〉与南朝文学》中讨论宫体诗时提及，一些《玉台新咏》未收的宫体诗，也应该是考察的对象，并举萧纲《雍州曲》为例。此外，方丽萍《论〈玉台新咏〉中拟诗的模拟与创新》一文对《玉台新咏》中的拟诗进行分类及讨论，以徐陵追求新变浓艳为选诗标准作为结论。因张蕾已有系统讨论，故本文对其观点进行补充的同时，再建构一个与张蕾稍微不同的《玉台新咏》选诗标准框架。笔者先对《玉台新咏》所选及其他古籍所见同题诗、拟诗进行比较分析，进而探讨《玉台新咏》的编纂标准，暂只针对赵均小宛堂本所录诗进行研究。

朱先敏认可许云和提醒读者"徐陵序"是具有可信度和价值的这一观点（《"她"的典范——论〈玉台新咏〉宫教读本与诗歌选本的双重性》），该序首句提道：

> 凌云概日，由余之所未窥；千门万户，张衡之所曾赋。（徐陵编《玉台新咏笺注》）

像"凌云概日"这样的自然天象，是明智的辅佐者由余所不能（或者不会去）探明的；像"千门万户"这样的人间盛景，（却）是作为赋者、文人的张衡所描摹过的。似乎序开头就在为《玉台新咏》全集的倾向作出预设：所注目的是人间盛景而非自然天象、政治得失，所注目的是文人而非治理者。

序中称：帝王专门建造的华丽精致屋宇中，居住着显而贵的丽人（拥有"细腰""纤手"），她们受教"阅诗敦礼"，又天然"婉约风流"，自小师从通者而歌舞娴熟，（甚至）能制新曲。她们备受君王宠爱，装扮鲜妍，"倾国倾城，无对无双"，加上有逸思妙笔，常常多有创作，"缘情""谏德"兼有涉及。需要指出的是，徐陵所指并不仅是一人兼有以上特点（章培恒及张蕾均持此说，详见谈蓓芳、吴冠文、章培恒著《玉台新咏新论》和张蕾《〈玉台新咏〉论稿》），更可能是一种既有"佳丽"人，又有"才情"者的内宫场面，是对于古今一个个妙人所构成的内宫整体氛围的想象和描述。之后，他声称：她们闲暇日久，寂寞无托，对"投壶""争博"这类游戏已然厌倦，而"新诗"可使其"微蠲愁疾"。但诗篇分散，故他"撰录艳歌"。寂寞无托和对其他游戏的厌倦并不一定可以完全指向她们会热爱阅读一部诗集，但"徐序"对宫廷女性颇具才情的想象以及对诗歌消忧作用的陈述，则为她们会喜爱诗集并用以消忧提供比较绝对的指向。

徐陵又称：他深知此集既与《诗经》泾渭分明，又不像两汉皇室女子学的《春秋》、"黄老之学"那样烦冗深奥（"儒者之功难习"）、作用难显（"金丹之术不成"），还在托情流咏的深远度上甚于被豪贵们追捧的《鲁灵光殿赋》和《洞箫赋》。徐陵在否定中对诗集的选择标准可能进行无意识的界定，《文选》序同样大篇幅以否定形式说明编者的选择标准。或许，对于他们来说，以肯定的形式说明选集的选取准则是（有意识的或潜意识的）一件不容易的事情。当然，或许否定的形式只是一种下意识中更方便的、可以脱口而出的表达方式。

综上，"徐序"思路如下："我"想象中的宫廷女性是受宠的、才貌俱佳、诗礼与风流兼备的。但事实上，（尤其是）现实中的她们，则因厌倦寻常游戏而寂寞不已（君王不常宠爱也是宫廷女性闷闷不乐的重要原因）。她们文笔优美，想必会对诗集感兴趣，而且在同时期的一些人看来，诗集具有令人愉悦、忘记疲倦的作用，所以，"我"认为编选一部诗集为这些寂寞的宫廷女性消忧是可行并且有用的。

一、"但辑闺房"：女性

《玉台新咏》选入女性的诗歌或有只言片语提及女性的诗歌这一现象已被多次言说，胡应麟称："《玉台》但辑闺房一体。""无所诠择，凡言情则录之。"（《诗薮》外编卷二）许学夷认为："诗中一有佳人、美人等字，更不复遗。"（《诗源辨体》卷三十六）纪昀亦称："按此书之例，非词关闺闼者不收。"（《玉台新咏考异》卷九）

他在《四愁诗四首》注中进一步举例论证：

> 案《文选》载此四诗，前有平子自叙，所谓依屈原以美人为君子，以珍宝为仁义，以水深雪雰为小人，思以道术相报，贻于时君。而惧谗邪不得以通者，正作者之本意，孝穆独删去之，盖此集所录，皆裙裾脂粉之词，可备艳体之用，其非艳体而见收者，亦必篇中字句有涉闺帏，故一卷汉时童谣以广袖半额字而录，三卷陆机《缓声歌》以宓妃等字而录，陶潜《拟古》以美人酣歌字而录，五卷何逊《赠鱼司马诗》以歌黛舞腰字而录，以及此卷汉谣四首其二以赵飞燕张放而录，其二以丈夫何在及姹女数钱二语而录，晋谣一首以女子千妖字而录。其意旨皆可逆推，此四诗之见录，亦以美人赠报等语。若存其本序，则与艳体为不伦，故删去以就此书之例，非遗漏也。（《玉台新咏考异》卷九）

又解释沈约《八咏》没有全录："案此书之例非关闺闼者不收，故八咏惟录二章，非挂漏也。以类赘附，殊失孝穆之旨。"（《玉台新咏考异》卷九）纪昀的以上举例中，题名《缓声歌》的现存所有梁代及以前的诗中，仅陆机诗提及女性神仙宓妃等，而汉晋童谣入选《玉台新咏》者均有涉及女性。

一些男性友人之间表达友情的诗歌亦入《玉台新咏》，据张蕾的研究，这些诗中的"欢友""所欢""情人""佳人"均是男性对其男性友人的美称。（《〈玉台新咏〉论稿》）不过，这些诗中，除了酌酒及赋诗这二因素使我们可以明确判断写作对象是男性外，其他诗如果不是有诗歌题目揭示的话，其含糊的充满深情的表述使我们非常容易将之视作写男女情怨的诗。

需要提到的是《玉台新咏》中另一种类型的创作——关于美貌少年的诗。其中一部分写与美貌男子的恋情，如吴均《咏少年》写汉哀帝的宠臣董贤以及《诗经》中美貌的子都。另一部分只写娈童或少年美貌，分别见皇太子《娈童》、刘遵《繁华应令》、刘泓《咏繁华》以及近代西曲歌《石城乐》。这些诗作和写美貌女子或男女情怨的诗本质上一致——均是情怨满溢的体现或审美愉悦的产物。徐陵在序中提及高贵美貌的女子后又说：

> 亦有岭上仙童，分丸魏帝；腰中宝凤，授历轩辕。金星与婺女争华，麝月与嫦娥竞爽。惊鸾冶袖，时飘韩掾之香；飞燕长裾，宜结陈王之佩。

其中，"岭上仙童"的称述和《玉台新咏》中关于美貌少年的诗是一致的。

"徐序"中被言说的宫廷女性如此美貌多才兼歌舞娴熟，编者无论是出于对男性审美的满足（这是传统诗歌中占较大比例的一种写诗模式）还是出于对女性审美的满足（寂寞而美丽的宫廷女性在读到这些诗歌时会感到熟悉，其投诸审美的精力以及愉悦感会更多，继而达到消忧之效果），都有必要在诗集中进行体现。我们意识到这一点，不禁要追问：当时的女性需要这样的诗集消愁吗？这样的诗集在多大程度上可以使读者获得满足？其他内容的诗会有消愁的效果吗？编者意在选取目标读者所熟悉的内容，相对而言会更易达到预期的消忧效果吗？

Paul Rouzer在 *Articulated Ladies*: *gender and the male community in early*

*Chinese texts*中称，《玉台新咏》实际上是男性诗人诉说自己，因为冀宠的后宫女性和冀遇的男性诗人之间存有很大的相似性——都对君王有所要求。《玉台新咏》中王僧孺《何生姬人有怨》径称，"逐臣与弃妾，零落心可知"，将二者直接联系起来。如果《玉台新咏》真是作为男性的徐陵所主导编辑的，那么这一说法作为一部分编纂原因不无道理。"徐序"中"凌云概日，由余之所未窥；千门万户，张衡之所曾赋"一句，婉转地对比作为治理者的由余和作为男性文学士子的张衡，不无隐约显露男性诗人作品力量的意气。但如田晓菲所言，当时的贵族女性在才学上比我们想象中要更加娴熟，当时社会对贵族女性的文化氛围亦相对宽松，政治野心无法解释所有描述男女情怨的诗（《烽火与流星：萧梁王朝的文学与文化》）。况且，徐陵在序中隐约传达出的男性意气与他为《玉台新咏》发自内心地作序，甚至主持编辑这样的诗集之间并不存在必然矛盾。

二、"言情则录"：情怨

《诗薮》称《玉台新咏》"于汉、魏、六朝无所诠择，凡言情则录之"，集中整体而言"情怨"因素所占篇幅之大已为古今学者所提及。张蕾在《〈玉台新咏〉论稿》中有单独讨论该集中的"情"，通过对其狭隘化、娱悦走向及在"闺房"之外三方面进行具体分析。论及咏物诗时，她提到《玉台新咏》中多咏静物、女性相关物、消退比兴寄托的诗（《〈玉台新咏〉论稿》）。《玉台新咏》的咏物诗大多借咏物表达男女情怨，而非描摹所咏物的形态。其中只有一首诗写该物的具体情况而没有明确提到男女情怨，写的是步摇花（《玉台新咏笺注》卷五），但这是女子的饰物。

（一）采摘：情怨而非劳作

《玉台新咏》所选咏物诗充满男女情怨，其对采桑和采莲系列诗的去取也更加直观地体现出情怨因素得到重视。

《陌上桑》《艳歌行》《美女篇》《罗敷行》《日出东南隅行》《采桑》等诗均有一部分句段写采桑美人，有些还写她和另一男性（她的夫君或爱慕者，有时二人均出现）的情感。无论是写美人还是写情怨的诗，《玉台新咏》均有选择，但沈君攸的《采桑》未被选入。"沈诗"称：

> 南陌落光移，蚕妾畏桑萎。逐便牵低叶，争多避小枝。
> 摘馺笼行满，攀高腕欲疲。看金怯举意，求心自可知。（郭茂倩编
《乐府诗集》卷二十八）

写女子如何采桑，且使用一半的篇幅写其详细动作——"逐便""牵""争多""避""摘""攀"。末句则回应这一诗题的固有主题。对于写女子采桑这一系列的诗来说，《玉台新咏》更加青睐的似乎是采桑行为与男女情怨相关的诗，而非叙述者流连于写劳作而忽视充满情怨的女子形象塑造的诗歌。

在南朝，采莲、采菱以及歌唱江南的行为与当时的女性生活息息相关，当然目前可见的以男性诗人为作者的这类歌诗中，不乏男性作者对女子行为、情绪想象的成分。被选入的诗中，柳恽《江南曲》和江洪《采菱》（其二）均写相遇，吴均《采莲》写女子等待远人，而费昶的《采菱》则写相思。以上诗中，江南、采莲、采菱勾起了相遇、思念、等待等与男女情怨相关的情绪。被选入的诗中，江洪的《采菱》（其一）比较特殊：

> 风生绿叶聚，波动紫茎开。
> 含花复含实，正待佳人来。（《玉台新咏笺注》卷十）

风力使菱实之叶聚拢起来，水波动摇之时菱实与花都显露出来，在等待佳人采摘。这首诗没有明确表露相遇、思念、等待等与男女情怨相关的情绪，但写美貌的女子采摘绿叶紫茎、含花含实的菱，其效果与极力铺陈女子的美貌甚至其舞姿是类似的。此外，莲含果实的描述未尝不是对女子期盼心上人的隐喻。

采莲采菱系列诗中未被选入的，大多着重采摘而非情怨或女子美貌，比如梁简文帝的《江南思》：

> 桂楫晚应旋，历岸扣轻舷。

紫荷擎钓鲤，银筐插短莲。

人归浦口暗，那得久回船。(《乐府诗集》卷二十六)

日晚之时船归莲满，此时浦口有许多归来的人、船，小船在这样的情况下难以回旋转弯。诗所写的是多人采摘且收获丰盛的场景，女子担忧的只是满载的舟船如何回转。另一首来自沈约：

棹歌发江潭，采莲渡湘南。宜须闲隐处，舟浦予自谙。

罗衣织成带，堕马碧玉簪。但令舟楫渡，宁计路嵌嵌。(《乐府诗集》卷二十六)

女子出发去采莲并伴随着歌声，透露出自己对所经之地的熟悉，又写女子的装扮。依照其他被选入的采莲系列诗的程序，作者接下来很可能会表露女子的相思之情，但这首诗并未如此。即将到达目的地的采莲女子内心充满对采摘的自信，直称"舟浦予自谙"，亦对接下来进行的采莲很是憧憬，发出"但令舟楫渡，宁计路嵌嵌"的决心之语。刘孝威的这首采莲诗同样未被选入：

金桨木兰船，戏采江南莲。莲香隔蒲渡，荷叶满江鲜。

房垂易入手，柄曲自临盘。露花时湿钏，风茎乍拂钿。(《乐府诗集》卷五十)

首句直言乘舟采莲，次句描述荷花居水之状态，三四句皆写采摘时的场面——莲花及其果实是如何便于采摘，采摘时风露又如何拂过女子的饰品。

朱超《采莲曲》亦透露出女子对采莲劳作的倾心：

艳色前后发，媛楫去来迟。看妆碍荷影，洗手畏菱滋。

摘除莲上叶，拖出藕中丝。湖里人无限，何日满船时。(《乐府诗集》卷五十)

首句同样写出发采莲。后三句中，女子担忧依水照镜和洗涤双手会影响自己采摘的动作，于是继续进行采摘劳动。末句中她流露出采摘者众多以至于自己很难满载而归的忧虑情绪。沈君攸的采莲诗情况与此相似：

> 平川映晓霞，莲舟泛浪华。衣香随岸远，荷影向流斜。
> 度手牵长柄，转楫避疏花。还船不畏满，归路讵嫌赊。（《乐府诗集》卷五十）

首句同样点出太阳升起，出发采莲的行为，次句写作者捕捉到的女子荡舟而去的瞬间。三句写女子如何采摘——伸手牵过荷柄，避开稀疏荷丛（而在繁盛的地方采摘）。这句不禁让我们想到前文讨论采桑系列诗时所举的一个同样来自沈君攸的诗歌例子：采桑女"逐便牵低叶，争多避小枝"。这首采莲诗的末句女子亦表示不担忧舟船满载也不担忧归路悠远（或由于满载而归途缓慢）的决心。一个例外的情况是，吴均的采莲诗中，女子热衷采摘、念念于此的情绪没有被摹写出，但我们发现他的诗和刚刚提及的几首未入选的采莲诗有不少结构或表述上的重合之处：

> 江南当夏清，桂楫逐流萦。
> **出发去采莲，前举许多诗都有这一表述。**
> 初疑京兆剑，复似汉冠名。荷香带风远，莲影向根生。
> **女子荡舟而去的瞬间："衣香随岸远，荷影向流斜。"**
> 叶卷珠难溜，花舒红易倾。
> **可能有莲花如何便于采摘的意味："房垂易入手，柄曲自临盘。"**
> 日暮凫舟满，归来渡锦城。（《乐府诗集》卷五十）

这首诗末句所言亦是刚刚提及的几乎每首采莲诗末尾均提及的舟船已满或期待船满的描述。

（二）情绪：忧戚而非快意

《玉台新咏》选了很多写男女情怨的诗，其中绝大多数表述男女关系中女性的被动处境——思念、期盼以及等待某人。《玉台新咏》序已暗示宫廷女性并未受到如典籍所载宠妃般的眷顾。对宫廷女性来说，因缺乏宠爱，所以会阅读相关的诗。编者认为她们缺乏皇帝的眷顾，所以选择大量相关的诗篇：写情好的诗被用来作慰藉，而占更多篇幅写怨情的诗，则被用来让宫廷女性品尝忧戚，缓解寂寞。

被选入的诗《妾薄命篇》，一首写女子苦心等待夫君，担忧时光流逝容颜不久（皇太子《妾薄命篇十韵》），一首写一场有美人在场的宴乐（曹植《乐府妾薄命行》）。未入选的两首诗来自刘孝威和刘孝胜。二者均写孤妾怨别，结尾均使用丰城合剑的典故，暗示夫妻定可相见（《乐府诗集》卷六十二），体现出对男女情感关系的积极笃定。值得注意的是，《玉台新咏》中还有一例使用丰城合剑典故的诗，即鲍照《赠故人二首》（其二），末句称：

> 神物终不隔，千祀倘还并。

"倘"字表示期许、可能。"鲍诗"借丰城合剑典故表达对与友人再次见面的期许，并非积极的、完全的笃定。

对于写作刘碧玉故事的诗，《玉台新咏》所选孙绰《碧玉歌》这样表述：

> 碧玉小家女，不敢攀贵德。感郎千金意，惭无倾城色。

女子对情人所赠表露出惭忧，而未被选入的诗则是：

> 碧玉小家女，不敢贵德攀。感郎意气重，遂得结金兰。（《乐府诗集》卷四十五）

女子对于情人所赠的情绪不是忧戚，而是直言要同样付出情意，与情人"结金兰"。未被选入的另一首诗《子夜四时歌》更有特点：

碧玉破瓜时，郎为情颠倒。芙蓉陵霜荣，秋容故尚好。（《乐府诗集》卷四十五）

《玉台新咏》中几乎所有女性怨别诗中，秋天的到来总是伴随着鲜妍容貌的落寞憔悴（如吴迈远《长相思》、鲍令晖《古意赠今人》等），以及同时产生的对于双方情感稳定程度的担忧。《玉台新咏》中"秋容"是惨淡的，而非"尚好"，这首未选入的《子夜四时歌》却这样表述。

此外，对女子怨情的表达而非对其道德的称赞受到《玉台新咏》编者的欢迎，一个例诗是署名徐悱妻刘氏或王叔英妻刘氏的《和婕妤怨》：

日落应门闭，愁思百端生。况复昭阳近，风传歌吹声。
宠移终不恨，谗枉太无情。只言争分理，非妒舞腰轻。（《玉台新咏笺注》卷八）

首句写班婕妤宫中冷寂，次句以昭阳宫的热闹作对比。三四句中，作者笔下的班婕妤不恨君恩移变，只恨谗人无情。她不嫉妒赵氏女子的舞腰纤细，她写班婕妤只是想明辨并践行名分之理，或她笔下的班婕妤写出这首哀伤之诗只是想争取（大家都认可的）品德方面的认同。依后者的理解的话，作者的构思很精妙（可能是无意识的）：在为班婕妤代言幽怨的同时，似乎是情不自禁地以班婕妤的角度开始为写幽怨而自我辩护，但这种辩护很可能也是作者给诗戴上的面具，因为诗的末尾两次提及自己要如何，其实已经有比较浓郁的怨哀宠移、嫉妒舞腰的情绪了，话语是新鲜又多情的。班婕妤在《玉台新咏》编纂当时人的眼中已是一个端庄自持的妃子兼才女的形象（如曹植《画赞》之《班婕妤》、傅玄《班婕妤画赞》、左芬《班婕妤赞》），但是在《玉台新咏》所选的诗中她是一个多情多怨的宫廷女子。范靖妇的《王昭君叹》语言直白又明确，同样，她笔下的王昭君也不愿恪守刚直正气的美名，而更愿意与别的女子一样予画工钱币，从而获得君恩，不入胡地。

三、"经过青琐历紫房"：宫廷

《玉台新咏》是出生官宦之家并为诗礼所影响的徐陵对该集目标读者宫廷女性的想象，因此，所编纂的诗集选入充斥着宫廷内容、贵族趣味的诗歌。徐陵比较偏爱描述声乐、宫殿意象而非体现女性情怨的诗。张蕾将集中描写道、宫、苑类的诗称为体现游赏之乐的诗，认为其中与女性相关者仅纪少瑜诗。(《〈玉台新咏〉论稿》)笔者则认为这类诗含宫廷因素，体现着贵族趣味。接下来，着重讨论另外一些体现宫廷因素、贵族趣味的作品，即含有宫廷经历描写的诗歌。

一些诗没有含女性或情怨内容，只因写宫廷经历而为《玉台新咏》所选。鲍照的《行路难》有四首入选，其中两首写别离之怨，一首斥责负心汉。(《玉台新咏笺注》卷九)被选诗中，署名释宝月的《行路难》和鲍照一样写别怨。(《玉台新咏笺注》卷九)费昶《行路难二首》一写女子薄命，此首《艺文类聚》作吴均；一写失宠。(《玉台新咏笺注》卷九)王筠《行路难》则写怨别。(《玉台新咏笺注》卷九)另外一首被选入的鲍照《行路难》是作为他全部《行路难》诗的开头：

> 奉君金卮之酒碗，玳瑁玉匣之雕琴，七彩芙蓉之羽帐，九华葡萄之锦衾。红颜零落岁将暮，寒花宛转时欲沉。愿君裁悲且灭思，听我抵节行路吟。不见柏梁铜雀上，宁闻古时清吹音。

诗先写华丽的陈设，又劝说听者此时此刻应该忽略时光流逝带来的悲伤，听"我"歌唱《行路难》。末句既在表述柏梁铜雀已矣的悲凉，也似乎在暗示读者及听者自己所唱的未必不如前人。《玉台新咏》编者徐陵或许因为华丽陈设或者对音乐自信的描写(前文已经讨论过一首被选入的表达音乐自信的诗例)而选这首诗(或许二者皆有)。

吴均《行路难》在被选诗中稍显不同，其第一首如下：

君不见上林苑中客，冰罗雾縠象牙席。尽是得意忘言者，探肠见胆无所惜。白酒甜盐甘如乳，绿觞皎镜华如碧。少年持名不肯尝，安知白驹应过隙。博山炉中百和香，郁金苏合及都梁。逶迤好气佳容貌，经过青琐历紫房。已入中山冯后帐，复上皇帝班姬床。班姬失宠颜不开，奉帚供养长信台。日暮耿耿不能寐，秋风切切四面来。玉阶行路生细草，金炉香炭变成灰。得意失意须臾顷，非君方寸逆所裁。（《玉台新咏笺注》卷九）

先称豪贵生活奢华而肆意，又劝说少年及时行乐；接下来，写熏炉香所经过处，诗中所提充满贵族趣味；再写班婕妤失宠，周遭寥落。因前一部分以浓墨写炉香，后一部分写班姬失宠时炉香成灰，作者似乎将炉香和宫里婕妤的命运牵连在一起。这首诗很可能因写班婕妤失宠凄凉场景而被选，而炉香的存在也加深了这种描述。

　　与这一首诗中物作为美人命运的引发者、牵连者不同，吴均的第二首《行路难》则只写一物本身：

　　洞庭水上一株桐，经霜触浪困严风。昔时抽心曜白日，今旦卧死黄沙中。洛阳名工见咨嗟，一剪一刻作琵琶。白璧规心学明月，珊瑚映面作风花。帝王见赏不见忘，提携把握登建章。掩抑摧藏张女弹，殷勤促柱楚明光。年年月月对君子，遥遥夜夜宿未央。未央彩女弃鸣簴，争见拂拭生光仪。茱萸锦衣玉作匣，安念昔日枯树枝。不学衡山南岭桂，至今千年犹未知。（《玉台新咏笺注》卷九）

先陈述桐树经历灾难之后死去，之后一部分全写被制成琵琶的桐在宫廷的经历：被帝王和彩女们爱护赏玩。不像"衡山南岭桂"一样不为人所用，而是获得了世俗价值。在这里，作者认同这样的世俗价值的实现吗？还是通过较多的铺排描写来表达桐树的悲哀呢？桐树的经历使笔者想到古诗《豫章行》中的杨树：

　　白杨初生时，乃在豫章山。上叶摩青云，下根通黄泉。凉秋八九月，山客持斧斤。我□何皎皎，稀落□□□。根株已断绝，颠倒岩石间。大匠持斧绳，锯墨齐两端。一驱四五里，枝叶相自捐。□□□□□，会为舟船蟠。身在洛阳宫，根在豫章山。多谢枝与叶，何时复相连？吾生百年□，自□□□俱。何意万人巧，使我离根株。（《乐府诗集》卷三十四）

　　这里的杨树是茂盛的，而非如桐树般经磨难后死去。虽然这里的杨树也在宫中，但在这里几乎看不出宫廷的因素，而这首诗浓墨描写的是杨树被砍伐时和之后的状态，极力展示其凄惨。与此相一致，末句提到杨树并不喜悦于待在宫中，而是悲伤于万人的巧技使其别离故乡，而这首无较多宫廷因素的写杨树的诗未被选入《玉台新咏》。

　　这里存在一个问题：《玉台新咏》的编者是因为认同吴均诗中可能被解读出的追寻世俗价值的观念而不认同《豫章行》中追求的价值而取舍，还是因为宫廷因素在诗中的占比不足，以及诗歌不够精致而作出的选择呢？《玉台新咏》中《咏五彩竹火笼》诗同样写植物经历巧技后：

　　　　可怜润霜质，纤剖复毫分。织作回风莒，制为萦绮文。
　　　　含芳出珠被，曜彩接缃裙。徒嗟今丽饰，岂念昔凌云。（《玉台新咏笺注》卷五）

　　"回风莒""萦绮文""珠被""缃裙""丽饰"均是贵族趣味的表露，作者末尾明确表达的情感与前几位作者类似，即担忧竹子流连豪富、不思气节。《咏五彩竹火笼》入选告诉我们原因并非前者，后者更有可能，而且徐陵选的基本都是女性内容的诗。

四、文化传统：胡汉书写

　　《玉台新咏》一集意在为宫廷女性解忧，其编者亦针对自己所了解以及想象的宫廷女性进行选诗标准的设定与践行，该集所呈现出来的绝大部分内容符合编者之标准。但是，有的诗歌传统在无形中渗入《玉台新咏》的编选，为男性所描述的美人诗占比极大即是一个重要例子。另外，《玉台新咏》和亲题材的诗歌带有史书表述及夷夏隔阂观的影子。

胡汉之争真实发生在《玉台新咏》编纂前，并被保存于历代典籍之中。《玉台新咏》的编者对以大量篇幅描写战争或边地的诗不感兴趣，却挑选了许多由于征战导致的表达男女情怨的诗，还挑选了亦被经典史书所书写的和亲女子题材的诗。这些和亲女子题材的诗因题材是女性而入选《玉台新咏》。

目前可以见到的比较早的代言昭君的诗是石崇的《王昭君辞》(《玉台新咏笺注》卷二)。在石崇笔下的匈奴是有"穹庐"的，且将对汉人来说陌生的称呼"阏氏"加在昭君身上。之后，石崇更是直言匈奴是"殊类"，其习俗令昭君产生了"惭且惊"的消极情绪。他又用多种方式进一步写昭君在胡地的郁郁不满，甚至将"粪土""秋草"与胡地相联系，诗中描述的胡地是令人生厌的。末句是石崇代昭君表达的对后世人的告诫。

沈约《昭君辞》中胡地的鲜明特征是"奔沙"和"转蓬"，以及"苦寒歌"所暗示的苦涩与寒意。胡地的风则对昭君的肌肤骨骼形成侵蚀，而非仅仅伤害她漂亮的衣服：

> 胡风犯肌骨，非直伤绮罗。(《玉台新咏笺注》卷五)

沈约笔下的昭君望着同照汉地的明月得到些许慰藉。同样，胡地对昭君而言是有伤害性的，她渴望离开。

《汉书》对昭君的着墨相较于其他和亲女子来说较多，昭君的姓、名、字不仅均被提及，且其在匈奴的婚姻状况及子女姓名甚至女婿、外甥亦有记录：

> 单于自言愿婿汉氏以自亲，元帝以后宫良家子王嫱字昭君赐单于。
> 王昭君号宁胡阏氏，生一男伊屠智牙师，为右日逐王。
> 复株累单于复妻王昭君，生二女，长女云为须卜居次，小女为当于居次。
> 是时，汉平帝幼，太皇太后称制，新都侯王莽秉政，欲说太后以威德至盛异于前，乃风单于令遣王昭君女须卜居次云入侍太后，所以赏赐

之甚厚。

　　乌珠留单于立二十一岁，建国五年死。匈奴用事大臣右骨都侯须卜当，即王昭君女伊墨居次云之婿也。

　　和亲侯王歙者，王昭君兄子也。（班固撰，颜师古注《汉书》卷九十四下《匈奴传》第六十四下）

《汉书》中昭君多次被提与其被后世称颂的美貌无关，甚至与她本人亦关系不大。一方面，班固在知晓昭君姓、名、字的情况下，多次提及昭君以定位其他昭君相关人物的做法不仅令班固自己心中有数，而且令读者对书中人物的印象更深刻；另一方面，昭君的丈夫呼韩邪单于对汉称臣，班固可能对其有好感，所以多次提及他与王昭君。

　　除了昭君题材外，《玉台新咏》还选择了署名乌孙公主的一首关于和亲的歌诗。同样，乌孙身处"天一方"的"异国"，居住于陌生的"穹庐"和"毡"中，饮食则以"肉"与"酪"为主，而非汉地的"食""浆"，末句中公主直接表露伤心的情绪，并渴望离开胡地。（《玉台新咏笺注》卷九）

　　这些诗人笔下的和亲女子心中苦痛，也不适应遥远的胡地生活。将那些赞美和亲女子深明大义、男儿自愧不如的诗与批判和亲行为的诗作对比，笔者心中就产生了一系列疑问：为什么现在所见《玉台新咏》中和亲题材的诗只写胡地的陌生环境及和亲女子对汉地的思念呢？

　　《汉书》中所形容的匈奴状况和前面提及的诗歌中的描述十分类似：

　　　　匈奴，其先夏后氏之苗裔，曰淳维……逐水草迁徙，无城郭常居耕田之业……儿能骑羊，引弓射鸟鼠，少长则射狐兔，肉食。士力能弯弓，尽为甲骑……苟利所在，不知礼义。自君王以下咸食畜肉，衣其皮革，被旃裘。壮者食肥美，老者饮食其余。贵壮健，贱老弱。父死，妻其后母；兄弟死，皆取其妻妻之。其俗有名不讳而无字。（班固撰，颜师古注《汉书》卷九十三《匈奴传》第六十四上）

史书所写内容对那些熟读史书的诗人的胡地想象有塑造作用，史书作者的立场很大程度上影响了诗人的立场，诗人将这些观念与立场通过和亲题材的诗歌表现出来。另外，《玉台新咏》编纂之时及绝大部分写昭君诗的诗人所处的时代里，胡汉纷争激烈，这进一步促使诗人甚至编者采用史书作者的立场与观点。

五、结论

综上所述，《玉台新咏》序提及此集之撰意在使宫廷女性消忧，笔者针对这一编纂目标，对《玉台新咏》所选诗及其他古籍所见拟诗与同题诗进行比较分析，意在说明《玉台新咏》编者为其想象中的宫廷女性设定的编纂标准。

首先，《玉台新咏》序中所言那些想象中的宫廷女性如此貌美而且歌舞娴熟，无论是出于对男性审美的满足还是出于对预期读者宫廷女性审美的满足，"女性"都有必要在诗集中进行体现，这也是编者考虑最多的因素：排除多数的诗歌类型而选择女性相关者；但有只言片语言及女性者即会被选入。这是前人已经表明的。此外，笔者认为《玉台新咏》中男性对其男性友人的赠答诗含糊的充满深情的表述使我们可以将之视作写男女情怨的诗。同时，写美貌少年的诗和写美貌女子或男女情怨的诗本质上也是一致的。

其次，虽然序中未提及不受宠的宫廷女性，反而列举几个宠妃的典故。但无论是根据历史事实还是推断，宫廷女性由于厌倦已有游戏而寂寞，多因君王的无暇或无常，而序中极力描述典籍中宠妃如何受宠，又说此时宫廷女性如何寂寞无托，不无暗示徐陵所见的宫廷女性并未受到如此眷顾的情况很多。徐陵看到她们缺乏恒常的情爱，所以觉得她们需要一些写情好的诗作慰藉，写怨情的诗来缓解忧戚寂寞，抑或是写斥责负心人的诗来发泄。这是同样编者考虑的另一因素。在《玉台新咏》的咏物诗中，基本全是将物品情怨化的倾向，而非摹描物之状貌；在那些被选的采摘主题的诗中，情怨的表达代替了未选诗中的劳作情景；另外，在对于情怨的情绪方面，《玉台新咏》编者更偏爱那些含忧戚情调而非快意心境的诗。编者试图通过挑选含有女性、情怨，或二者兼有的诗达到为宫廷女性消忧之目的，这两个因素是编者有意挑选的。

第三，序表达了出生官宦之家、受诗礼所影响的编者对宫廷女性的想象。编者为她们编纂的诗集则选入了充斥宫廷内容及贵族趣味的诗歌。编者的第三个选诗因素是文化状况，但这种文化状况很难说是编者所意识到或无意识到的属于目标读者的，还是编者自身固有而自知或不自知的。在意象方面，编者偏爱于含有歌吹及宫殿意象的诗歌，即使它无女性或情怨内容；在句段方面，书写类似模型故事的诗歌，一些因含有较多宫廷经历的描写则入选《玉台新咏》，无此的则未入选。

最后，虽然编者为他/她（们）想象中的宫廷女性如前三点所示作为诗集的选取标准，但诗歌、文化传统对其编纂产生了影响，这很可能是编者无意识中所顺从的。首先，《玉台新咏》所选的描写美女、娈童的诗均来自男性诗人，是占写诗群体大多数的男性诗人审美下的产物，而《玉台新咏》中女性诗人则并无写美女或娈童者。胡汉书写一直是古代中国史书及诗文常触及的问题，也是《玉台新咏》编纂时代人们常常考虑的问题，《玉台新咏》中含和亲题材的诗歌中对胡地陌生的环境及有损容颜的风沙的描写即是对这种胡汉隔阂的表现。

如果我们回到《玉台新咏》序的话，序对繁杂深奥的、关乎政治治理的作品之排斥在《玉台新咏》的编纂中体现为排除多数的诗歌类型而选择"女性"相关者；序对"托情流咏"程度高的作品要求在该集的编纂中则表现为对"情怨"十分重视；此外，序中对《玉台新咏》目标读者的描述——"阅诗敦礼"又有"逸思妙笔"，则不仅是目标读者本身及其想象，而且成为诗集中一些诗歌选择的约束因素——文化状况所带来的贵族趣味倾向。

"思妇临高台"出自《玉台新咏》，其中蕴含的女性及思念因素正是本文所讨论的该集选诗标准的前两点。女子可以登上高台则向我们表明她生活之闲暇甚至优裕，这也是本文所讨论的第三个选诗标准。心中充满思念的女子登上高台盼望远人归来，这一场景大量充斥在《玉台新咏》所选诗中。同时，女子登上高台远望的场景又与诗集题名所含——玉台，一起形成了关于思念，关于期盼，以及关于幽怨的诗。

（作者单位：山东大学文学院）

论苏轼词文本的讹传及其原因

王子宁

一、著作权混乱

著作权混乱指苏轼词误作他人词或者他人词误入苏轼词集的情况。《苏轼词编年校注》（下文简称《校注》）中收录的苏词（指编年词和未编年词）共有三百三十一首，其中著作权产生争议的共有三十八首，这部分词现基本认定为苏轼词；误入苏轼词集五十三首，残句九则，这部分是他人词句而误入苏词集；另有他集互见词八首，苏轼存疑词十一首，这部分词的著作权还存在争议。

（一）著作权混乱类型

1.误作他人词

《校注》中苏词误作他人词共三十八首。据笔者统计，著作权涉及二十一位词人，其中苏轼词误作黄庭坚词四次，误作周邦彦、商辂、晏几道、吴文英、贺铸词各两次，误作张养浩、刘基、柳永、郭生、白居易、秦观、张先、李煜、蒋璨、姚进道、姚志道、李璟、印昌世、李清照、蒋捷词各一次。这些词人大部分生活在两宋时期，与苏轼生活年代较近，但也有个别词人明显早于苏轼生活的年代，如唐代白居易及南唐李璟、李煜；也有人明显晚于苏轼生活的年代，如元代的张养浩，明代的商辂、刘基，以及清代的印昌世。另有十七首苏轼词被定为误入，但没有考校出原作者，定为误入的证据也不足，并不能使人信服。

词作被断为误入的原因主要有五种：意境与苏词不符、回文词为文字游戏而苏轼不可能作回文、词表现出的作者性格感情与苏轼不符、时间经历与苏轼不符，以及语言风格与苏词不符。原因主要集中在前三点上，笔者下面各举一例：

《江城子》（墨云拖雨过西楼）曹树铭在校编《东坡词》（下文简称"曹本"）时，认为此词意境与东坡词不类，断为伪作。但曾慥《东坡词拾遗》收录此词，《东坡词拾遗》是据北宋张宾老所编本并载于蜀本《东坡词》收，可信度高，曹本仅凭意境不类难以定为误入。

《菩萨蛮》（翠鬟斜幔云垂耳）曹本认为回文词意境与东坡词不类，且属于文字游戏，苏轼无闲情创作这种文体，移入可疑词。但在《苏轼文集》的书信中，苏轼明确表示"效刘十五体，作回文《菩萨蛮》四首"，曹本说法难以服众。

《行香子》（三入承明）曹本定为伪作，认为此词自诩官职，与东坡性格不符。但此词自古诸本均载，可信度非常高，而且曹本理解有失偏颇，本词可以理解为苏轼自嘲自解之作，无夸耀自大之嫌。

《浣溪沙》（阳羡姑苏已买田）张公弛《苏轼词注释疑》认为此词时间经历与东坡不符，下阕有句"我作洞霄君作守"，但考察苏轼生平，从未提举洞霄宫，故断非东坡作。这句话正确的理解应是东坡希望自己之后可以提举洞霄宫，其他词中也有类似词句，都是表达希冀之语。

《沁园春》（孤馆灯青）元好问《遗山先生文集》认为此词语言鄙俚浅近，非东坡作。元好问此种评价不恰当，苏轼乃大家，词中有真我、真性情，此中表达出的政治抱负亦与苏轼相合，元说站不住脚。

2.误入苏集词

误入苏集词指该词本不是苏轼所作，但被收入苏轼词集中当作苏轼词。《校注》中共收录误入苏集词五十三首，残句九则。著作权共涉及三十二名词人，还有十一首词为无名氏所作。三十二名词人中大部分生于两宋时期，只有牛峤、温庭筠生于唐，陈铎生于明代。晏殊有五首词误入苏词集，陈铎有四首误入，欧阳修、黄庭坚各有三首误入，叶梦得、秦观、张先、朱敦儒各有两首词误入，其他词人各有一首词误入。

误入苏集词并不单指著作权混乱，也指文体错乱。苏轼的诗歌、散文或者琴曲歌辞被收入词集，这种情况也应算作误入。饶晓明先生曾就文体问题讨论过苏词的辑佚，认为另有四十首作品理应收入苏轼词集，如《竹枝歌》《归来引》等。但该看法被曾枣庄先生反驳，曾先生强调文体应严格分类。在文体的把关上，《校注》较为严格，例如：

《清平调引》（陌上花开蝴蝶飞）、又（陌上山花无数开）、又（生前富贵草头露）此三首词《古今词统》作苏词，但苏轼本人确认此三首作品为七言绝句，应入诗集，而非词集。

《履霜操》（桓山之上）此词曹本据《游桓山记》补，但《履霜操》为琴曲歌辞，不应入词集。

《导引歌辞》（帝城父老）、又（经文纬武）此二首词《全宋词》据《东坡内制集》补，此类内制导引歌辞应入文集，不应入词集。

3.著作权有争议之词

《校注》中还有他集互见词和苏轼存疑词无法确定作者。他集互见词是指作者有异说，无法确定的词；苏轼存疑词是指自古以来此词作者定为苏轼，但仍有诸多不合理之处待考证的词。他集互见词共八首，共涉及另外九名词作者，分别是谢绛、叶梦得、张元幹、刘泾、仲殊、晏殊、王仲甫、廖正一和秦观。九名词人都生活在两宋时期，与苏轼的生活年代相差不远，故词作著作权更易混乱。苏轼存疑词共十一首，存疑原因主要有以下四种：意境不类苏词、词作为女流口吻不类苏词、载本可信度不高，以及词中经历与苏轼不符。下面各举一例：

《虞美人》（深深庭院清明过）始见于明代茅维编《苏东坡全集》（下文简称为"明刊全集"），曹本以意境与东坡词不类列为误入。《乐府雅词拾遗》不撰著者姓名，苏轼之名可能为后人补加。

《蝶恋花》（雨霰疏疏经泼火）始见于明万历刊《重编东坡先生外集》（下文简称为"外集"），曹本以女流口吻不类苏词移入误入词，有待考证。

《踏莎行》（这个秃奴）《全宋词》据《事林广记》补作苏轼词。宋人话本小说所载诗词多出于依托，极不可信。曹本注："意境之荒诞，无与伦比。"

《浣溪沙》(山色横侵蘸晕霞)此词曾恺《东坡词拾遗》收，但因苏轼从未到过湘川，故此词应为苏轼好友张舜民所作，张词与东坡词相近，宋时已有不少误入东坡词。

(二)著作权混乱原因

据笔者统计：误入苏词集的作品或残句中，有九首为宋时误入，三首为金元时误入，三十九首为明代误入，五首为清代误入，六首为近现代误入。另外，在目前著作权仍有争议的作品中，有七首作品为宋时收录进苏词集，有十二首是明时收录进苏词集。误入苏集词及著作权有争议词的收录时间集中在明代，其次是宋代，著作权不清有主客观两方面的原因，主观原因是书贾射利以及词集编者疏于考证；客观原因是苏轼与其他词人时代相近，作品风格类似。笔者按照时间顺序梳理了他词误入苏轼词集的情况，同时标注误入的版本以及原作者，整理成下表。

误入苏集词（残句）			
时间	误入苏词	收录版本	作者
宋	鹧鸪天（西塞山前白鹭飞）	傅本、元本、吴本、明刊全集、《苏长公二妙集》（简称"二妙集"）	黄庭坚
	踏莎行（山秀芙蓉）	（宋）《咸淳毗陵志》，（明）沈敕《荆溪外纪》、陈耀文《花草粹编》，（清）沈辰垣《历代诗余》	贺铸
	回首夕阳红尽处，应是长安	周紫芝《太仓稊米集》	张舜民
	喜鹊桥成催凤驾。天为欢迟，乞与新凉夜。	陈元靓《岁时广记》	晏几道
	金菊对芙蓉（花则一名）	《花草类编》	无名氏
	蝶恋花（一霎秋风惊画羽）	宋时	晏殊
	蝶恋花（紫菊初生朱槿坠）	宋时	晏殊
	更漏子（柳丝长）	宋时	温庭筠
	更漏子（春夜阑）	宋时	牛峤

	误入苏集词（残句）		
时间	误入苏词	收录版本	作者
金元	寸肠千恨堆积。	魏道明《萧闲老人明秀集注》	沈唐
	江天雪意云缭乱。	魏道明《萧闲老人明秀集注》	欧阳修
	洞仙歌（飞梁厌水）	（元）《新编事文类聚翰墨大全后乙卷》、（明初）《新编东坡先生诗集》附《乐府》	林外
明	宝香熏被成孤宿	《增修笺注妙选群英草堂诗余后集》	周邦彦
	满江红（不作三公）	《新编东坡先生诗》附《乐府》	无名氏
	江城子（南来飞燕北归鸿）	吴本、明刊全集、二妙集	秦观
	沁园春（小阁深沉）	吴本《拾遗》、外集、明刊全集	无名氏
	虞美人（落花已作风前舞）	明刊全集、二妙集、毛本、朱本、龙本	叶梦得
	蝶恋花（玉枕冰寒消暑气）	外集、二妙集、毛本、朱本、龙本	晏殊
	蝶恋花（梨叶初红蝉韵歇）	外集、二妙集	欧阳修
	蝶恋花（帘幕风轻双语燕）	外集、二妙集	晏殊或欧阳修
	满庭芳（北苑龙团）	外集、二妙集	秦观、黄庭坚
	定风波（痛饮形骸骑蹇驴）	外集	无名氏
	殢人娇（解了痴绦）	外集	无名氏
	永遇乐（天末山横）	毛本、朱本、龙本	叶梦得
	意难忘（花拥鸳房）	毛本、朱本、龙本	程垓
	浣溪沙（晚菊花前敛翠蛾）	毛本、朱本、龙本	朱敦儒
	玉楼春（东风捻就腰儿细）	杨慎《词林万选》	陆凝之
	卜算子（水是眼波横）	杨慎《词林万选》	王观
	木兰花（檀槽碎响金丝拨）	杨慎《词林万选》、沈际飞《草堂诗余后集》、潘游龙《古今诗余醉》	张先

续表

	误入苏集词（残句）		
时间	误入苏词	收录版本	作者
明	如梦令（尝记溪亭日暮）	杨金本《草堂诗余前集》	李清照
	如梦令（曾宴桃源深洞）	杨金本《草堂诗余前集》	李存勖
	点绛唇（高柳蝉嘶）	杨金本《草堂诗余前集》	汪藻
	点绛唇（蹴罢秋千）	杨金本《草堂诗余前集》	无名氏
	点绛唇（春雨蒙蒙）	杨金本《草堂诗余前集》	无名氏
	点绛唇（莺踏花翻）	杨金本《草堂诗余前集》	无名氏
	祝英台近（剪酴醾）	杨金本《草堂诗余前集》	无名氏
	浣溪沙（楼依江边百尺高）	杨金本《草堂诗余后集》	张先
	浣溪沙（玉碗冰寒滴露华）	杨金本《草堂诗余后集》、明刊全集、二妙集、《花草粹编》	晏殊
	踏青游（识个人人）	《草堂诗余别集》《古今词统》《古今诗余醉》《七颂堂词译》	无名氏
	杏花疏影里，吹笛到天明	王世贞《艺苑卮言》	陈与义
	世事短如春梦	《草堂诗余评林》	朱敦儒
	忆秦娥（香馥馥）	《便读草堂诗余》	无名氏
	西江月（古渡水摇明月）	《坐隐先生精订草堂余意》	陈铎
	蝶恋花（花拂壶觞香径小）	《坐隐先生精订草堂余意》	陈铎
	洞仙歌（殿角凉生）	《坐隐先生精订草堂余意》	陈铎
	阮郎归（夕阳满树莺鸣蝉）	《坐隐先生精订草堂余意》	陈铎
	木兰花（个人丰韵真堪羡）	钱允治《类选笺释续选草堂诗余》	柳永
	允文事业从容了……	曹学佺《蜀中广记》	姚勉
	清平调引（陌上花开蝴蝶飞）	《古今词统》	七言绝句
	清平调引（陌上山花无数开）	《古今词统》	七言绝句
	清平调引（生前富贵草头露）	《古今词统》	七言绝句

误入苏集词（残句）			
时间	误入苏词	收录版本	作者
清	菩萨蛮（城头尚有三冬鼓）	（清）《新编宋文忠公苏学士东坡诗话》	孙洙
	探春令（玉窗蝇字记春寒）	（清）《填词图谱》（清初）	蒋捷
	曲生禅，玉版局，一时参。	沈雄《古今词话·词辨》（1653）	辛弃疾
	水调歌头（离别一何久）	（清）《历代诗余》（1707）	苏辙
	水调歌头（已过一番雨）	（清）《广群芳谱》（1708）	葛长庚
近现代	阮郎归（歌停檀板舞停鸾）	赵万里《宋金元名家词补遗》（1931）、《全宋词》据《全芳备祖后集》补	黄庭坚
	西江月（雨过清风弄柳）	《唐宋金元词钩沉》	吴文英
	菩萨蛮（湿云不动溪桥冷）	《全宋词》互见	朱淑真
	奉安神宗皇帝御容赴景灵宫导引歌辞	《全宋词》据《东坡内制集》补	导引歌辞
	迎奉神宗皇帝御容赴西京会圣宫应天禅院奉安导引歌辞	《全宋词》据《东坡内制集》补	导引歌辞
	履霜操	曹树铭《东坡词》据《游桓山记》补	琴曲歌辞

1.书贾射利以及编词集者疏于考证

明代苏词集著作权混乱与其编者有直接关系，编者与出版商互为表里，二者均又受到明代社会及学术大环境的影响。

明代出版事业的发展使文学作品在普通民众中进一步普及，故词集选本的受众不再局限于士大夫文人，而是包含了广大市井群众。而市井群众的审美倾向又反作用于文学作品，影响了文学作品的创作风格以及翻刻取向。以《草堂诗余》为例，该书因收词风格大多俚俗而被明人喜爱，故在明代盛行。明人翻刻的《草堂诗余》版本不下数十种，但不论是从选域还是选型上来说，这些词集都未摆脱"草堂之风"，由此可见明人编词集大多懒散守旧。明人编选词集的态度导致明代词集编纂事业大都呈现出趋俗倾向，刻书权也多掌握在那些能够敏锐把握群众喜好的出版商手中。如晚明时颇为活跃的出版商翁元泰，他和不少文人有着长期稳定的合作关系，钱允治曾在《类选笺释草堂诗余》序中写道："太末翁元泰见而病之，博求诸刻，愈多愈谬。乃倩余任校雠之役。又命余搜葺国朝名人之作，并毗陵《续集》，尽加注释，凡三编焉。"（顾从敬辑、钱允治笺释《类选笺释草堂诗余》）这句话中可以看出在此词集选编过程中，出版商占主导地位，词集编者是出版商的传声筒，二者互为表里。

另一方面，明代印书成本极低，故私家书坊急剧增多，导致竞争加剧，出版商想获利便要出奇，因此明代书名多有"续编""笺释""妙选"等字眼。但"续编"需要辑佚，"笺释"也要求词集编者有一定的词学功底。若无新词可加，便只能将其他人的作品混入或者托名作伪；若笺释水平无法达到，便只能依托附会。因此，明代人做学术贪大求全、考证不严导致妄收的作品较多，许多他人词在此阶段误入苏词集，很大程度上是因为书商为了利润在背后推波助澜。毛晋汲古阁本《东坡词》（下文简称"毛本"）、杨金本《草堂诗余》、杨慎编《词林万选》、钱允治编《类选笺释续选草堂诗余》以及《古今词统》均妄补多首他人词作苏词。

典型代表是明代杨金本《草堂诗余》，该书内容芜杂，纯为射利而选录，疏于考证，编排混乱，可信度低，对后世文献整理筛选工作造成了极大困扰。如《点绛唇》（高柳蝉嘶）、《如梦令》（尝记溪亭日暮）、《如梦令》（曾宴桃源深洞）等九首作品均是该书录作苏词。另外《虞美人》（落花已作风前舞）这首词正为叶梦得作，而《草堂诗余》误作周邦彦作，可见该书编排混乱。另外，还有十一首词是无名氏词作苏词，这种情况大多为托名作伪，而将无名氏词编入苏集的本子就有射利之嫌，其中杨金本《草堂诗余》就将四首无名氏词录为苏词，出版商射利之意昭然若揭。

编者疏于考证表现在很多方面，其中一个突出的表现是时间考证有误以致著作权混乱。时间考证有误体现在两方面：一是词作时间晚于伪托作者，如《踏青游》（识个人人），此词写作时间为政和年间，苏轼早已去世，明代人仍将其作为苏轼词，是治学不严、疏于考证之结果；二是词作时间早于伪托作者，如《行香子》（一叶舟轻），明代杨东《钓台集》将其误作元人张养浩词，但此词在宋时已被收入东坡词集，明人将其作元人词甚误。

除以上考证外，笔者还对参校书的编排习惯进行考证，如《西江月》（古渡水摇明月）、《蝶恋花》（花拂壶觞香径小）、《洞仙歌》（殿角凉生）和《阮郎归》（夕阳满树乱鸣蝉）此四首词为明人陈铎所作，见陈铎《坐隐先生精订草堂余意》，而此四首词均误入苏集。陈铎为明人，和苏轼生活的年代相差甚远，却有四首词误入苏词集，这种情况较为罕见。究其原因，陈铎所编的《草堂余意》是仿照《草堂诗余》创作的词集，但其编写体例较为奇特。《草堂诗余》中的每首词陈铎都按照其韵和作一首，但并不署自己的名字，而仍署原作者的名字，只有在原词没有作者名的情况下，陈铎才署上自己的名字。《西江月》是和苏轼"野照弥浅浪"韵，《蝶恋花》是和苏轼"花褪残红青杏小"韵，《洞仙歌》是和苏轼"冰肌玉骨"韵，《阮郎归》是和苏轼"绿槐高柳咽新蝉"韵。这种编书体例给后世文献校勘带来许多困扰。

以上所论皆为明代词集的缺点，但凡事具有两面性，从学术规范的角度来说，明代词集将他人词误作苏词，造成了著作权的混乱；但是从文学传播的角度来说，明代繁芜的词集也大大促进了苏词的传播与接受，对苏词流传起到了积极作用。

2.时代相近及风格难辨

另外，相当一部分著作权有争议的词是宋时收录苏集，这是因为苏轼与其他宋代作者时代相近，故容易发生混误。尤其是他集互见词，《校注》共收录了八首，其中六首的著作权在宋时就有了争议。如《江城子》（银涛无际卷蓬瀛）的作者自宋以来就有三说，即苏轼、叶梦得、张元幹；《减字木兰花》（凭谁妙笔）的作者有三说，即苏轼、刘泾、仲殊；《点绛唇》（醉漾轻舟）、《又离恨》（月转乌啼）的作者有二说，即苏轼、秦淮海；《诉衷情》（海棠珠缀一重重）的作者有二说，即苏轼、晏殊；《醉落魄》（醉醒醒醉）的作者有二说，即苏轼、王仲甫。涉及的作者均是生活在两宋时期，古时文献流布远不如现在发达，同时代人的作品发生混误也在所难免。

至于作家风格相近导致词作误入，这方面的典型例子当属张舜民，其为苏轼好友，其词风格豪健，与苏词风格类似，《四库全书总目》论张舜民《画墁集》云："盖由其笔意豪健，与苏轼相近，故后人不能辨别，往往误入苏集也。"在傅榦《注坡词》序中傅共云："传张芸叟所作'私期'数章，旧于《文忠公集》见之。"（刘尚荣《东坡词傅榦注考证》，《平顶山学院学报》，2017年第4期）但张芸叟流传至今的作品不多，词作只有四首，"私期"数章也已失传，但可证其二人作品讹混并不是偶然现象。笔者共统计到两处张词误作苏词：一是前文提到的《浣溪沙》，因苏轼从未到过湘川，所以怀疑此词为其好友张舜民所作；二是误入残句"回首夕阳红尽处，应是长安"，此句周紫芝《太仓稊米集》引作苏语，正为张舜民作，这是张舜民题在岳阳楼上的《宝花声》词，靖康年间被当作苏轼南迁词传颂。除此之外，还有《题庾楼诗》被收入苏集。张舜民与苏轼本来就是故交，张舜民词风在很大程度上受到苏轼影响，这些因素在很大程度上导致了著作权的混乱。

另外，据笔者粗略统计，苏词著作权有争议的多为婉约词，编年词中著作权有争议的词约有六成是婉约词，未编年词中著作权有争议的词全部是婉约词，而存疑词和他集互见词绝大多数也为婉约词。北宋词创作以婉约为正，苏轼历来被认为是豪放派词人，其以女流口吻创作的作品及婉约词作，更易被后世编者定为误入，这也是词作风格原因而导致的著作权不清。

二、题序误植

宋词这种文体可以分为四个组成部分：调名、题、序、正文。调名和正文必不可少，题和序则可有可无。词题多为一个字词或者一句话，是对词内容的概括；词序则为几句话，是对词写作背景缘由的补充说明。此二者都是依附于词内容而作，故常合称为"题序"。题序误植指本不是苏轼原作，后人所撰的一段文字被当作题或序误入苏词文本的现象。苏轼可以称得上是第一位规模使用题序的词人，据学者统计，苏轼有题序的词占其词作总量的78%，关于苏词题序误入的情况也较多，下面笔者列举四例词序误植及两例词题妄增的例子进行分析。

题序误植主要有三个途径：一是注坡词者所加批注，在代代相传过程中真假难辨误入苏词；二是依托一些无所根据的杂说，强行附会；三是通过改编其他注释，冒充题序。

（一）注坡词者所加题序

《水龙吟赠赵晦之吹笛侍儿》（楚山修竹如云）原有题序作"咏笛材。公旧序云：时太守闾丘公显已致世，居姑苏。后房懿卿者甚有才色，因赋此词。一云赠赵晦之。"焦竑编《苏长公二妙集》中序同上，末有"吹笛侍儿"四字。原题序非东坡所作，疑出自傅幹之手。此段文字是对此词写作原因的补充，因为没有明显的人称特点，故较易被当作第一人称苏轼口吻。另外，需要注意的是"公旧序云"四字，此四字定是苏轼原作题序中没有的，是后代编书者因参考前书而加，故也归为误入一类，理应删去。但是此四字之后的内容是否为东坡原作无从考证，理应存疑。但元本编订时编者俱删"公旧序""公自序"三字，而保留其后文字径作词题或词序，该做法不够严谨，且增大了后代辨伪难度。

另外，词集编写的体例特点也可能造成注坡词者所加小注被误作题序，如傅幹注《东坡词》（下文简称"傅本"）体例为东坡词调名低二格，占一行；调名下单行小字标词题。但傅幹的某些校正词题的文字，也是单行小字，易与词题讹混。傅幹为阐明词旨所作的题解（题注），也是双行小字标于调名次行，易与词序讹混。（刘尚荣《东坡词傅幹注考证》）

（二）依托杂说所加题序

名气越大的作家越容易被附会杂说轶事。如毛本《贺新郎·夏景》的题序是据《古今词话》改编而成，讲述作者在赴宴期间作此词为一蒙冤歌姬秀兰解围的事。作：

> 余倅杭日，府僚湖中高会，群妓毕集，惟秀兰不来，营将督之再三，乃来。仆问其故，答曰：沐浴倦卧，忽有叩门声，急起询之，乃营将催督也，整妆趋命，不觉稍迟。时府僚有属意于兰者，见其不来，恚恨不已，云：必有私事。……仆乃作一曲，名《贺新郎》，令秀兰歌以侑觞，声容妙绝，府僚大悦，剧饮而罢。

该题序就是依托杂说，以第一人称的口吻对原故事进行改编，把话本轶事附会到苏轼身上，增加阅读的趣味性，这种行为哗众取宠，不足为信。其内容荒谬无比，违背苏轼作词本意，且误导读者，理应删去。朱本凡例云：毛本标题"阑入他人语意，多出宋人杂说，至《贺新郎》之营妓秀兰，依托谬妄，并违词中本旨"。

除此之外，此种附会还会带来其他问题。例如，此"题序"中指出作词时间是"倅杭日"，但是此词究竟作于何时，向来争议颇大，刘崇德《苏词编年考》认为此词作于苏轼晚年南迁时，理由较为充分，目前暂依刘说。若此词真的作于苏轼晚年南迁时，那此题序就会对此词的编年造成严重误导。由此看来，此种附会所加题序会干扰对此词的正确理解，应该剔除。

（三）改编注释文字作题序

改编注释文字当作原词题序的情况分为两类：第一，改编注词者所加题解（题注）、调下小注、词末注等变为词序；第二，根据他书注释文字改编成题目误入。

如《减字木兰花》（双龙对起）吴本有题注《本事集》云："钱塘西湖有诗僧清顺居其上，自名藏春坞。门前有二古松，各有凌霄花络其上，顺常昼卧其下。子瞻为郡，一日屏骑从过之，松风骚然，顺指落花觅句，子瞻为赋此词。"傅本此注在词末；元本、毛本删去"《本事集》云"四字；元本改"子瞻为郡"为"时余为郡"，"子瞻为赋此词"为"余为赋此"等，变为词序。从这个例子中，我们可见同一内容稍作修改便可在不同的版本中分别为题注、词末注、题序。除题序外，题解（题注）、调下小注、词末注均为第三人称，但编书者疏于考证或刻意改动将其变为第一人称，然后加入词中冒充词序。再如《满庭芳》（三十三年）有题序"余年十七，始与刘仲达往来于眉山，今年四十九，相逢于泗上。淮水浅冻。久留郡中，晦日同游南山，话旧感叹，因作此词。"此词序是傅本据杨元素《本事集》"子瞻始与刘仲达往来于眉山。后相逢于泗上，久留郡中。游南山话旧而作"改编而来。本来是他书所作题解，但变换人称改为苏轼作，这种做法混淆视听，需谨慎对待。

另有改编其他文字当作词题的现象，这种行为与改编其他文字作为词序大同小异，只不过作词题更需要凝练文字。大多数改编后的词题为第一人称或者无明显人称特点，较难分辨是否为东坡原作。如《永遇乐》（明月如霜）题下原注云"公旧注云：夜宿燕子楼，梦盼盼，因作此词。一云：徐州梦觉北登燕子楼作"。毛本删去"公旧注云"四字，变注为题。再如《虞美人》（湖山信是东南美）有题注作"《本事集》云：陈述古守杭，已及瓜代。未交前数日，宴僚佐于有美堂，因请二车苏子瞻赋词，子瞻即席而就，寄摊破虞美人"。傅本补改词题作"为杭守陈述古作"，元延祐庚申刊《东坡乐府》、朱祖谋编《疆村丛书》版《东坡乐府》、龙榆生笺注《东坡乐府笺》、曹树铭校编《东坡词》均题作"有美堂赠述古"。这两例词题因人称符合苏轼口吻，故较难分辨是否为东坡原作。但依据先前已有的题解（题注）等资料，大致可推测题目应为后人补加。

通过上述例证分析，笔者发现毛本在题序误植方面出现问题较多，这与明代贪大求全的学风不无关系，毛本妄补题序，给后世带来较大困扰。注坡词者以第一人称所加题序难辨真假；依托杂说所加题序较易分辨非东坡原作，更非东坡作词本意；其他文字改编而成的题或序，可以通过考证文献推测是否为后人补加。题序误植虽然在一定程度上有笺注作用，但会破坏词作整体结构，其文笔也不类苏轼，会破坏词作的艺术性，依托杂说妄补题序会对读者造成错误引导，故甄别误植的题序对于苏轼词的校勘有较大意义。

误植的题序，我们应当仔细辨别并加以剔除，但是苏词被误植如此多题序也从侧面说明了，苏轼在题序这方面有开创性的突破。大量使用题序，且题序和词作内容互为补充，这一风气始于苏轼，因此妄加苏词题序的情况也较多。从另一角度来看，这说明读者接受并欣赏苏词题序，表明对苏词题序的认可。

（作者单位：厦门大学人文学院）

诗词写作讲义（三）

倪志云

第四讲　律句　对和黏　节奏

汉语是有声调的语言，四声平上去入产生抑扬顿挫的声律美。

刘勰《文心雕龙·声律》说："凡声有飞沈……沈则响发而断，飞则声飏不还。并辘轳交往，逆鳞相比。"沈约《宋书·谢灵运传论》说："夫五色相宜，八音协畅，由乎玄黄律吕，各适物宜。欲使宫羽相变，低昂互节，若前有浮声，则后须切响。一简之内，音韵尽殊；两句之中，轻重悉异。妙达此旨，始可言文。"沈约本人正是"永明体"新诗的创始者之一。他说的"浮声、切响"，现在的理解一说指音韵的轻、重声；一说浮声即平声，切响即仄声。

从"永明体"新诗到后来成熟完善的近体诗，在诗句声调上形成稳定的"一简之内，音韵尽殊；两句之中，轻重悉异"的平仄相间的格式，也就是律句。

一、律句

律诗是由定型的律句组成的，有了"一简之内，音韵尽殊"的律句，再以优选的连接规则组成对句和绝句，然后才有律诗。

律句的要求是"前有浮声，后须切响"，即平仄声交替。但不是每个字的平仄声交替，而是以两个字为一顿，即起头两个字如果是仄仄，接着就须是平平，五言句再接一个仄声字占一顿。以五言律诗为例，律句的平仄格式定型为四种：

a 仄仄平平仄（平仄脚）
b 平平仄仄平（仄平脚）
c 平平平仄仄（仄仄脚）
d 仄仄仄平平（平平脚）

七言诗句的平仄，是在每种五言平仄格式前边加两个音节，仄仄前加平平，平平前加仄仄，这样就也是四种基本的平仄格式：

A 平平仄仄平平仄（平仄脚）
B 仄仄平平仄仄平（仄平脚）
C 仄仄平平平仄仄（仄仄脚）
D 平平仄仄仄平平（平平脚）

五言、七言各四种律句末尾二字平仄声组合各不相同，可以作分别的标志，王力先生在《诗词格律》和《诗词格律概要》里，称我这里所标记的五言、七言第一种律句 a 和 A 为"平仄脚"，第二种 b 和 B 为"仄平脚"，第三种 c 和 C 为"仄仄脚"，第四种 d 和 D 为"平平脚"。这样分别称之，同学们应比较好记。

将五言、七言各四种律句按特定的连接规则组成声调相对的对句，再组成诗篇，就是律诗。特定的连接规则是"对"和"黏"。

二、对和黏

五言、七言律绝诗，各自是由四种基本的平仄格式的律句组成的。由句组成联，再由联组成篇（绝句、律诗），句与句、联与联之间的组合，有"对"和"黏"（nián）的规则，是近体诗特定的声律规则。

（一）"对"是平仄声相反的意思，是"两句之中轻重悉异"的规则，两句平仄声相对构成一联。因此，每联的上句叫"出句"，下句叫"对句"。声调相对的着眼点在第二字。例如出句如果是a"仄仄平平仄",第二字是仄声,对句第二字就应是平声;结合前面讲诗韵时讲到的双数句句尾为平声韵脚的规则,对句就只能是b"平平仄仄平"。同理,出句如果是c"平平平仄仄",第二字是平声,对句就应是d"仄仄仄平平"。这样平仄相对的两句称为联。律诗八句,即四联。

(二)"黏"(nián)是两联之间平仄声要同声相应的规则,具体要求是,下一联出句的第二字,要与上一联对句第二字平仄声相同。例如:
第一联如果是:

c平平平仄仄,(出句)

d仄仄仄平平。(对句)

第二联就应是:

a仄仄平平仄,(出句)

b平平仄仄平。(对句)

这样下一联与上一联的平仄声调就避免了重复的单调。

王力先生《汉语诗律学》第一章第六节中说:"近体诗的平仄的原则只是要求不单调:为要不单调,所以1.平声和仄声必须递换,2.一联之中,平仄必须相对;但若每联的平仄相同,又变为单调了,所以3.下一联的出句的平仄必须和上一联的对句的平仄相黏,这样,相近的两联的平仄才不至于相同。"关于律句的平仄及其"对"和"黏"的原则,道理讲得很清楚。

由"对"的规则完成一组对句,再由"黏"的规则完成一个绝句单元。如果这个绝句单独成篇,就是律体绝句。如果继续按"黏、对"规则往下接四句,就成为一篇八句的律诗。

日本弘法大师撰《文镜秘府论》抄录了很多珍贵的唐朝讲论诗法的文献,其天卷《调声》一篇,引录王昌龄《诗格》、元兢《诗髓脑》讲调声之文,依时代先后应是元兢之文在前。这里引据张伯伟撰《全唐五代诗格汇考》进一步考校的文字为准，元兢以自己的诗为例，说：

> 调声之术，其例有三：一曰换头，二曰护腰，三曰相承。
> 一、换头者，若兢《于蓬州野望》诗云："飘摇宕渠域，旷望蜀门隈。水共三巴远，山随八阵开。桥形疑汉接，石势似烟回。欲下他乡泪，猿声几处催。"
> 此篇第一句头两字平，次句头两字去上入；次句头两字去上入，次句头两字平；次句头两字又平，次句头两字去上入；次句头两字又去上入，次句头两字又平。如此轮转，自初以终篇，名为双换头，是最善也。
> 若不可得如此，即如篇首第二字是平，下句第二字是用去上入；次句第二字又用去上入，次句第二字又用平。如此轮转终篇，唯换第二字，其第一字与下句第一字用平不妨，此亦名为换头，然不及双换。又不得句头第一字是去上入，次句头用去上入，则声不调也。可不慎欤！
> 此换头，或名拈二。拈二者，谓平声为一字，上去入为一字。第一句第二字若安上去入声，第二、第三句第二字皆须平声。第四、第五句第二字还须上去入声，第六、第七句第二字安平声，以次避之。如庾信诗云："今日小园中，桃花数树红。欣君一壶酒，细酌对春风。""日"与"酌"同入声。只如此体，词合官商，又复流美，此为佳妙。（张伯伟撰《全唐五代诗格汇考》，凤凰出版社2002年版）

元兢先说"双换头"最善，又说若不可得如此，就以第二字（拈二）来调声。元兢生卒年不详，大致生活在唐高宗和武则天时期，《旧唐书》有传。稍后王昌龄《诗格》中讲律句的连接法，则只论"第二字"，原文是：

> 凡四十字诗，十字一管，即生其意。头边廿字一管亦得。……律调其言，言无相妨。以字轻重清浊间之须稳。……诗上句第二字重中轻，不与下句第二字同声为一管。上去入声一管。上句平声，下句上去入；上句上去入，下句平声。以次平声，以次又上去入；以次上去入，以次又平声。如此轮回用之，直至于尾。两头管上去入相近，是

诗律也。（张伯伟撰《全唐五代诗格汇考》，凤凰出版社2002年版）

王昌龄《诗格》只论"第二字"，意味着此前以"双换头"为最善的说法，因为多数时候实难做到，所以盛唐诗人已放弃，而"拈二"已成共遵的法则。天宝十一载（752）殷璠选编《河岳英灵集》，其叙文中亦有论曰："夫能文者，匪谓四声尽要流美，八病咸须避之，纵不拈二，未为深缺。"即是以"拈二"为依律作诗的代称。可证盛唐诗人讲诗律，"拈二"乃是通行的法则。

唐朝诗人把律诗做到了尽善尽美，对于律诗的形式，肯定是有清晰的认识并且能够清晰讲述传授的。元兢《诗髓脑》和王昌龄《诗格》的讲述虽然没有用后来通用的术语"对、黏"，但是他们都已讲清楚了五律诗每两句的上句第二字不与下句第二字同声，也就是"对"；而两句与两句之间相接的两句（第二、第三句，第四、第五句，第六、第七句）又要求第二字同声，也就是"黏"。如此轮回用之，是律诗也。王利器校注《文镜秘府论校注》引任学良曰："二氏所标格律，大抵相似，其优胜处，在能任自然之音律，不为支离琐屑之谈，与后世诗话言声律者，大相径庭矣。"

他们都具体说到律诗的平仄相对与相黏的关系，主要是以"第二字"（拈二）为准的。这是律句的节奏问题，下面还要再讲。

这里先讲用上边假定的这个格式，举一篇声律符合的作品为例来看，例如王维《山居秋暝》：

空山新雨后，（平平平仄仄）c
天气晚来秋。（仄仄仄平平）d
明月松间照，（仄仄平平仄）a
清泉石上流。（平平仄仄平）b
竹喧归浣女，（平平平仄仄）c
莲动下渔舟。（仄仄仄平平）d
随意春芳歇，（仄仄平平仄）a
王孙自可留。（平平仄仄平）b

a、b、c、d四种句式都可以为起句，再按照"对"和"黏"的规则，同时要按照双数句句尾押平声韵的规则及首句可以入韵也可以不入韵的规则，就可以组成四种五言律诗平仄格式。具体情况待后面专讲五律的格式时再细讲。

三、节奏

刚才以王维五律《山居秋暝》为例，讲律诗的句与句、联与联的"对"和"黏"的规则，每句诗后附了平仄谱。细心的同学可能会有疑问：第一句"空山新雨后"是"平平平仄仄"，诗句完全符合声谱；第二句"天气晚来秋"是"仄仄仄平平"，声谱第一字是"仄"，诗句第一字"天"字不是平声吗？诗句第一字与声谱不合的还有第三句的"明"、第五句的"竹"、第六句的"莲"、第七句的"随"，八句中有五句第一字不合平仄谱，是合格的律诗吗？如果同学们有这个疑问，很正常，这是我们在学习律诗过程中都会遇到的问题。

有人说一部《唐诗三百首》，其律诗、律绝计231首，其中完全按照声律标准句式一字不苟的作品就只有3首（万事慎、万士志《近体诗苑》，安徽文艺出版社2006年版）。他们所谓"严格合律"就是以平仄谱每个音调来对照作品，例如王维这首《山居秋暝》在他们的统计中就属于没有"严格合律"。他们认为《唐诗三百首》五律80首，只有王维《送梓州李使君》合平仄律。下面，我们来读读这首诗。

王维《送梓州李使君》：

> 万壑树参天，（仄仄仄平平）d
> 千山响杜鹃。（平平仄仄平）b
> 山中一夜雨，（平平平仄仄）c
> 树杪百重泉。（仄仄仄平平）d
> 汉女输橦布，（仄仄平平仄）a
> 巴人讼芋田。（平平仄仄平）b
> 文翁翻教授，（平平平仄仄）c
> 不敢倚先贤。（仄仄仄平平）d

其实，按照他们的每个字合平仄的论法，这首诗也有一字不合，他们可能看漏了。"山中一夜雨"，"一"字今读平声，但在"平水韵"中属于入声"四质"韵，所以这句是"平平仄仄仄"（三连仄，三仄尾），是四种基本句式中所没有的。因此，按他们的说法，这首也不能算是严格合律的。但他们这种说法并不符合唐诗讲求格律的实际。前文引述的元兢《诗髓脑》和王昌龄《诗格》的讲论，就是唐朝人的说法，五言律诗句与句的平仄声关系是以"第二字"（拈二）为准，也就是说每句第一字是可以不论平仄的。而现在一些人对于格律的认识不到位，还没有正确掌握格律，就"好为人师"来讲格律，发表不符合古代格律规则的错误说法。近些年，这种错误说法越来越有扩大影响的迹象。

例如，刚才提到万事慎、万士志编《近体诗苑》，两位编校者只是诗词爱好者，他们编的这部书内容很丰富，也有参考资料价值，但他们对于格律的认识是存在上述问题的。而这种对于格律的误解既然以正式出版的书籍存在了，自然会产生影响。后来有些高校教师在格律知识上也处在一知半解，甚至半解达不到的状态，对于《近体诗苑》（或是其他来源的）这种看上去很仔细地论说《唐诗三百首》律诗很少严格合律的错误说法，却轻易地信从了。例如《光明日报》有这样一段文字：

> 此前，有一些学者提出《唐诗三百首》有差错。南京大学文学院教授解玉峰曾撰文指出："《唐诗三百首》在体例上存在显著缺憾，所选近体诗不合律之作甚多，尤不适于初学唐诗者临摹、仿效。"

我在知网查到解玉峰教授的文章是《读〈唐诗三百首〉志疑》（《文化与传播》杂志2016年第2期），他说：

> 所谓"熟读唐诗三百首，不会吟诗也会吟"，既然如此，其对各体中诗作的选择应当较为审慎，选择足可为师范者，以免贻误后学。但令人困惑的是其中"五律""七律""五绝""七绝"四类中竟有相当多诗作明显不符合近体诗格律。

看他的文章，可知他是简单地拿律句的平仄谱来对看诗句，要求每个字都符合句谱的平仄声。他不仅没搞懂唐朝人已经明确的"拈二"的声律规则，而且连王力先生《诗词格律》中说的"平平仄平仄"是"特定的一种平仄格式，这种格式在唐宋律诗中是很常见的，它和常规的诗句一样常见"，"唐人的试帖诗也容许有这种平仄格式，可见它是正规的格式"，也全没理会，因而竟说李白《夜泊牛渚怀古》诗中"登舟望秋月"和"明朝挂帆席"两句都不合律。这是真没搞懂律诗的基本声律规则，却要发表他的"志疑"之论。而以他的专家教授身份，他的"《唐诗三百首》中律诗多数都不合律"的说法，会误导很多人。

我备课时想到再查查"百度百科"的"诗歌"词条，也是说："律诗格律极严，篇有定句（除排律外），句有定字，韵有定位（押韵位置固定），字有定声（诗中各字的平仄声调固定），联有定对（律诗中间两联必须对仗）。"其中"字有定声（诗中各字的平仄声调固定）"一条，与上述越来越流行的错误说法应有关联。

所以，我在这里教诗词写作，这个问题必须着重讲到，希望大家不要误信这种错误说法。

这种要求字字符合平仄声谱的说法为什么是错误的？这里我再具体讲一讲，我们要摆事实，讲道理。

清桐城派古文名家刘大櫆《论文偶记》说："盖音节者，神气之迹也；字句者，音节之矩也。神气不可见，于音节见之；音节无可准，以字句准之。"

20世纪美学家朱光潜《诗论》第九章说："中国诗的节奏不易在四声上见出，全平全仄的诗句仍有节奏，它大半靠着'顿'。它又叫做'逗'或'节'。它的重要从前人似很少注意过。"刘大櫆所说"音节"，即朱光潜先生讲"节奏"所强调的"顿"或"节"，这是讲古典诗文声律必须要注意的汉语现象。

王力先生在《汉语诗律学》的导言里也讲到节奏，他说："依近体诗的规矩，是以每两个字为一个节奏，平仄递用。"《诗词格律》的第四章也专讲"诗词的节奏及其语法特点"。

古典诗歌基本上每两个音节（两个字）一个节奏，每个节奏一个重音，这是为何平仄声的"对"和"黏"都以第二字为准的原因。前文一再说到元兢《诗髓脑》和王昌龄《诗格》讲五言律诗调声法，都明确是以"第二字"（拈二）为准，就是这个道理。虽然元兢认为"双换头"最善，但已知这个标准是不能贯彻的，因此他后面所说的"拈二"换头，才是更适用的法则。

平仄声的"对"和"黏"之所以要"拈二"，以第二字为准，是因为汉语最初虽然是一字一音一义，一个字就是一个词，但在语句中，两个字组合成一个较固定的词语，即双音词，也越来越多。

先秦时代的《诗经》《楚辞》，单音词很多，但双音词也已常用。例如：

> 关关/雎鸠，在/河/之/洲。
> 窈窕/淑女，君子/好逑。
>
> （《诗经·周南·关雎》）

> 蒹葭/苍苍，白露/为/霜。
> 所谓/伊人，在/水/一方。
>
> （《诗经·秦风·蒹葭》）

> 帝子/降兮/北渚，目/眇眇兮/愁予。
> 袅袅兮/秋风，洞庭/波兮/木叶/下。
>
> （《九歌·湘夫人》）

事实上是不管单音，还是双音词，诗句都以双音为一个音节（节奏、顿），单音词也是两个字连读。我们读"在河之洲"这句，不会按单音词读成"在/河/之/洲"，而是读成"在河/之洲"，即两个单音字连读成一个节奏。

汉代以后，诗文中双音词更多。《古诗十九首》是五言古诗最早的例子：

> 行行/重/行行，与君/生/别离。
> 相去/万余/里，各在/天/一涯。
>
> （行行重行行）

青青/河畔/草，郁郁/园中/柳。

盈盈/楼上/女，皎皎/当/窗牖。

（青青河畔草）

显然，五言中双音词更多。而如上述，单音词在诗句中也多组合成双音节连读，我们读"与君/生/别离"，不会按单音词读成"与/君/生/别离"；读"各在/天/一涯"，也不会读成"各/在/天/一涯"。

所以，五言句是以双音节为一节拍，落单的一个音节也占一拍，每句是三拍：

仄仄/平平/仄—

平平/仄仄/平—

平平/平仄/仄—

仄仄/仄平/平—

这样按节拍规定了平仄声的抑扬起伏节奏，造句就要遵守这个声调规则。

按照这个平仄谱子，双音节多数是"平平"或"仄仄"，即两个字声调相同，如上举古诗中的"行行""青青""郁郁""园中"等，都符合同调双音的要求。但从字句的实际来说，也有两个字不同声调的双音词，如"别离"（仄平）、"万余"（仄平）、"河畔"（平仄）、"楼上"（平仄）等，这些词在造句时如何符合诗句声律的要求，就是个问题。

诗律从一开始就面对这个问题，规则是双音节的节拍以后一个音节的声调必须符合格律，也就是唐人所谓"拈二"。

宋人延续唐人关于律诗规则的讲法，关键在律句的第二字，也就是"拈二"法则。沈括《梦溪笔谈》卷十五有论诗律，说：

诗第二字侧入，谓之正格，如"凤历轩辕纪，龙飞四十春"之类；第二字平入，谓之偏格，如"四更山吐月，残夜水明楼"之类。唐名贤辈诗多用正格，如杜甫律诗，用偏格者，十无一二。

沈括的这几句关于唐贤诗律的话，在后来谈论诗律的著述中多见直接引述。也就是说，宋代以后，以第二字论平仄的律法，是普遍传习的准则。

清初常熟人钱良择撰《唐音审体》论五律："上下句相黏缀，以第二字为准，仄、平、平、仄为正格，平、仄、仄、平为偏格。"是沈括之说的沿用。民国时期，著名学者、诗人黄节在北大讲授《诗律》，一开篇也是引述沈括此论，作为其立论的依据。

除了唐宋已经明确的"拈二"规则，元明以后又有口诀说"一三五不论，二四六分明"，这是就七言律句说的。对于五言律句来说，是"一三不论，二四分明"。"二四六分明"是节拍重音要合律。

清初王士禛撰《律诗定体》，详细讲求律诗句法，其观点集中在这段话：

> 五律，凡双句二四应平仄者，第一字必用平，断不可杂以仄声，以平平止有二字相连，不可令单也。其二四应仄平者，第一字平仄皆可用，以仄仄仄三字相连，换以平韵无妨也。大约仄可换平，平断不可换仄，第三字同此。若单句第一字，可勿论。

所谓"双句二四应平仄者"，是我们前述五言四种平仄格式中的b式，即"平平仄仄平"。所谓"其二四应仄平者"，是d式，即"仄仄仄平平"。而所谓"若单句第一字，可勿论"，则包括了a、c两种句式，则王士禛所论也只是b句式第一字不可不论而已。王士禛进而说："凡七言第一字俱不论。第三字与五言第一字同例。"七言第一字俱不论，即与"一三五不论"口诀完全相合。第三字与五言同例，也就是只有一种句式不能不论。这样说来，王士禛所论与旧传的口诀实际上并没有多少不同。

但在何世璂记述的《然镫记闻》中，却记王士禛说："律句只要辨一三五。俗云'一三五不论'，怪诞之极，决其终身必无通理。"这话与《律诗定体》中的具体所论其实是自相矛盾的。但这种对"一三五不论"口诀几乎是完全否定的说法，对于现代研究和讲述诗律者却很有影响。

王力《汉语诗律学》第一章第七节"关于'一三五不论'"说：

这两句口诀不知是谁造出来的（《切韵指南》后面载有这个口诀）。其实这只是很肤浅的观察，和事实颇不相符。事实上，一三五不一定可以不论，二四六不一定要分明。因此，这口诀在表面上虽给予人们一种简单明快的感觉，实际上却极容易引起初学做诗的人的误解。现在我们把"不论"和"分明"的规律详加叙述，使大家明了近体诗的平仄并不是那样简单的。

其下用了很大篇幅，列举了很多例句，所讲的还是王士祯讲过的只是五言"平平仄仄平"句式的第一字、七言"仄仄平平仄仄平"句式的第三字，是不能不论的而已。"平平仄仄平"和"仄仄平平仄仄平"这两个句式，五言第一字、七言第三字的平声如果换成了仄声，则整句犯所谓"孤平"。

王士祯的论说是"不可令单也"，还没用"孤平"这个词语。

"孤平"一词应是清末民初讲论诗律者依据王士祯的"不可令单也"的论断而造用的新词。王力先生在《汉语诗律学·序》中说："记得我在童年的时候，我的舅父教我做诗不要'犯孤平'。他是一个老童生，可见避免'孤平'是科举时代的一般常识。"最后一句不能证实，只能说清末如王先生舅父一辈人才有不要"犯孤平"这样的说法。王力先生总结说："现在一般人很少知道避孤平；这样重要的规律（几乎可说是铁律）也被忽略了，我们不能不归罪于'一三五不论'的口诀。"现在常见其他人编著的讲诗词格律的书，说到"一三五不论"的口诀，多数都是在复述王力先生的说法。

王士祯说这个口诀是"俗云"。王力先生说"这两句口诀不知是谁造出来的"，后在《诗律余论》（《光明日报·东风》1962年8月6日）一文中说："这个口诀大约起于明代。释真空的《贯珠集》载有这样一段话……"他们都没有读到这个口诀较早较全面讲述的文献，因而都只是简单片面的理解，就否定这个口诀。

现在利用电子检索比前辈多了个考索手段。我检索到"一三五不论"口诀的较早记载，见于明人费经虞撰《雅伦》卷十"近体入门法"所引。在接下来的"五言律格法"讲述中，费氏说：

　　"一三五不论"者，谓七言律诗第一字第三字第五字，如当用平声者可用仄，当用仄声者可用平；又可平对平、仄对仄也。二四六分明者，谓第二字第四字第六字，当用平者一定用平，当用仄者一定用仄，必不可挪移也。若五言律则"一三不论，二四分明"矣。此法要知其间格律不同者，不过别调不在此例。（《四库全书存目丛书》，齐鲁书社1997年版）

费氏其实已经指出，这个口诀是就律诗的大体而论，不是一概而论的。实际的诗句还存在"别调"，而"别调不在此例"。这样表述既能帮助初学诗者掌握诗句平仄格式，又告诉初学者"此法"之外还有"别调"，大体上也就说清楚了律句平仄构成的规律。王力先生在《汉语诗律学》中说："总之，谈诗律必须兼谈拗救，这等于法律上的'但书'；'但书'应认为法律的一部分，并非法律以外的东西。'但书'是增加法律的严密的，不是泯灭法律的。"其实王力先生没有查阅到费氏《雅伦》这段话，不知费氏有"不过别调不在此例"之说，即也已有其"但书"部分，增加了诗法的严密性。

　　可知，无论是王士祯还是王力先生，都因为强调要注意避"孤平"这样一个问题，就要否定"一三五不论"这个口诀的简明合理性，不仅是不公允的，而且用严重的口气把本来不复杂的律句规则说得很复杂似的，不免误导后来的研究者，也易使初学律诗者疑惑不解或望而却步。现在我们要为这个口诀"平反"。这个目前只能查到明代有记载的口诀，其实原是符合唐代讲诗律的"拈二"法则的，是有渊源的，也是能够引导初学律诗者掌握格律的。

　　前面提到民国时期黄节先生撰《诗律》，即引沈括《梦溪笔谈》以第二字论律诗平仄之说为依据，讲解"诗律"。我在这次备课过程中，又注意到朱自清先生在《论诗学门径》一文中推荐初学入门书时，称赞朱宝莹的《诗式》，说："《诗式》专取五、七言近体，皆唐人清新浅显之作，逐首加以评语注释。注释太简陋，且不免错误；评语详论句法、章法，很明切，便于初学。书中每一体（指绝句、律句）前有一段说明，论近体声调宜忌，能得要领。"

朱宝莹《诗式》最初于1921年由中华书局出版，民国时期重印十多次。我在网上查寻，购得2018年文化艺术出版社出版的新整理本。翻阅可知朱宝莹对各式绝句、律诗的句与句之间的对与黏的关系的说明，也都是以"第二字"为准，还多次引"一三五不论"口诀来解释可平可仄之处。

我课前推荐作参考书的喻守真编注的《唐诗三百首详析》，也是民国时期（1948年）初版。在具体讲解五律"声调"时，也是说："大概律诗八句中平仄，最着重在每句第二字，如首句第二字仄，二句第二字平，三句第二字平，四句第二字必仄，五句第二字仄，六句第二字必平，七句第二字平，八句第二字必仄。这种定式，就是通常所说的'黏法'。"在所列仄起定式声谱旁，有注云："每句第一字和第三字有时平仄可以互用，其在第二四五各字万不能平仄互用，必须照式。"又在此节最后论杜审言《和晋陵陆丞早春游望》诗的平仄说："按上诗照仄起定式来比对，其中'出'字应用平声，'梅'字应仄，'忽'字应平，'归'字应仄。这就是寻常一三不论处。"在讲七律"声调"时又讲"盖一三五处原可通融"；并引董（文焕）氏《声调谱》（《声调四谱图说》）之说，其中有曰"世传一三五不论，二四六分明之说，若用之三声互用相避之法，实为指南金针，真千古不传之秘也"。又在讲七绝"声调"时说："七言绝诗以第一句第二字仄起押平声韵为正格，平起为偏格。"这些都清楚地说律句以"第二字"为准论平仄，也就是唐人所说的"拈二"法则。

现在却流行起来所谓"《唐诗三百首》律诗多数不合律"的谬论，已不是不公允的问题，而是基础知识缺乏，是"强不知以为知"了。

希望大家不要被这种谬论误导，希望同学们能正确把握律诗的声律规则。

第五讲　对　仗

对仗，古人单言曰"对"，复言称"偶对""属对""对属""对联""队仗""对仗"等，近代通俗称为"对对子"。"队仗""对仗"这两个词语原本是指仪仗队，一般是左右两行、两两相对的，诗文借用它比喻句子对偶。《现代汉语词典》释义是"（律诗、骈文等）按照字音的平仄和字义的虚实做成对偶的语句"。王力《诗词格律》说:"汉语的特点特别适宜于对偶,因为汉语单音词多,即使是复音词,其中的词素也有相当的独立性,容易造成对偶。"

对偶是一种修辞手段,作用是形成整齐对称的美。最古老的汉语经典文献里就早已运用对偶,例如《易经》里说:"同声相应,同气相求。"(《易·乾文言》)《诗经·小雅·采薇》:"昔我往矣,杨柳依依;今我来思,雨雪霏霏。"这些都是自然成对,不是刻意作对偶。汉魏六朝诗文逐渐有意属对,骈文更是以对句为主。《文心雕龙·丽辞》是对诗文对偶的专题论说,虽然那时还没有形成律诗,但刘勰总结的对偶的宜忌、优劣,有些说法对于后来律诗对偶也还是有意义的。

一、律诗的对仗

律诗的对仗又有特殊性。王力《诗词格律》说律诗中的对仗还有它的两条规则是:

> 1. 出句和对句的平仄是相对立的;
> 2. 出句的字和对句的字不能重复。

这第二条有补充的注释说:"至少是同一位置上不能重复,例如'昔我往矣,杨柳依依;今我来思,雨雪霏霏',出句第二字和对句第二字都是'我'字,那就是同一位置上的重复。"

在古文、古体诗,以及词中,都是可以同字重复相对的。古文如"同声相应,同气相求"。古体诗如"挽弓当挽强,用箭当用长。射人先射马,擒贼先擒王。"(杜甫《前出塞》其六)前两句以"当"对"当",后两句以"先"对"先",都是同字相对。词如苏轼《水调歌头·中秋》"月有阴晴圆缺,人有悲欢离合","有"字重复相对;李之仪《卜算子》:

> 我住长江头,君住长江尾。日日思君不见君,共饮长江水。
> 此水何时休,此恨何时已?只愿君心似我心,定不负相思意。

上、下片开头两句都用同字相对。

但律诗中一般不能这样同字重复相对，只偶有例外。王力《汉语诗律学》：

> 还有一种避忌，就是同字相对。古体诗是没有这种避忌的；近体诗里，通常总设法避免，甚至于避免同一个字见于出句和对句。但是，有些诗人偶然也不计较这个，例如：
> 一指指应法，一声声爽神。（常建《听琴秋夜赠寇尊师》）
> 汝书犹在壁，汝妾已辞房。（杜甫《得舍弟消息》）

杜甫五律诗同字相对，其实还有多例，例如：

> 相近竹参差，相过人不知。（《过南邻朱山人水亭》）
> 江柳非时发，江花冷色频。（《不离西阁二首》其一）
> 梅蕊腊前破，梅花年后多。（《江梅》）
> 江月辞风缆，江星别雾船。（《江边星月二首》其二）

杜甫七律也有同字相对，如：

> 白帝城中云出门，白帝城下雨翻盆。
> 高江急峡雷霆斗，古木苍藤日月昏。
> 戎马不如归马逸，千家今有百家存。
> 哀哀寡妇诛求尽，恸哭秋原何处村？

仇兆鳌《杜诗详注》说杜诗起语有律体似歌行者，就举此例，并说："然起四句一气滚出，律中带古何碍？"

对仗以词的分类为基础。古人把字（词）分为两大类：实字和虚字。"实字"今称实词，"虚字"今称虚词。实词包括名词、动词、形容词、数词；其他介词、助词等是虚词。对仗的基本原则是词性相对，也就是字义的虚实相对，名词对名词，代词对代词，动词对动词，形容词对形容词（形容词与动词有时候也可以对），数词对数词，颜色词对颜色词，方位词对方位词，副词对副词，助词对助词等。

律诗的对仗，在字义（词性）相对的同时，字音平仄也要相对。

《新唐书·宋之问传》说：

> 魏建安后讫江左，诗律屡变，至沈约、庾信，以音韵相婉附，属对精密。及之问、沈佺期，又加靡丽，回忌声病，约句准篇，如锦绣成文。学者宗之，号为"沈宋"。

可知声律和属对是律诗的基本条件。

古时近体诗的学习，应该都是从辨识四声和学习属对开始的。《唐诗纪事》卷七记骆宾王七岁咏鹅云："鹅鹅鹅，曲项向天歌。白毛浮渌水，红掌拨清波。"正反映出古人童年学诗、明四声知属对的入门状态。杜甫《壮游》诗也说自己"七龄思即壮，开口咏凤凰"，只是因为杜甫早年的诗都没有留存，我们已不知道他最初咏凤凰的诗是什么样子。但推想也应与骆宾王咏鹅相似，必有很好的对仗。

对仗是律诗的一个要件。严羽《沧浪诗话·诗体》说：

> 有律诗彻首尾对者（少陵多此体，不可概举），有律诗彻首尾不对者（盛唐诸公有此体，如孟浩然诗："挂席东南望，青山水国遥。舳舻争利涉，来往接风潮。问我今何适？天台访石桥。坐看霞色晚，疑是赤城标。"又"水国无边际"之篇，又太白"牛渚西江夜"之篇。皆文从字顺，音韵铿锵，八句皆无对偶。）

盛唐孟浩然和李白都有八句全不对仗的律诗，这在律诗的发展史上属于探索性的创作，后来就很少有了。这是因为汉语整齐的句子很容易对仗，写律诗却要八句彻首尾不对仗，倒不免要刻意为之，反而不自然了。而在每联上下句平仄声相对的情形上，刻意使字义句意不对，使得诗句的对称美明显不足，诗人和读者都会感觉不称意，不符合已养成的阅读审美。这应该是在孟浩然、李白等偶尔尝试之后，彻首尾不对仗的律诗并未成为不断有作品产生的一种诗型的原因。

律诗对仗的惯例是中间两联，即颔联和颈联要求对仗；更宽松些，则至少有一联对仗。首、尾两联以散行为常，但也可以对仗。以常规的律诗形式规则来说，是首、尾二联散行，中间两联对仗。而对仗的两联还要注意避免句法雷同，雷同会显得形式单调。唐诗有中间两联句法雷同的例子，如司空曙五律《贼平后送人北归》：

> 世乱同南去，时清独北还。
> 他乡生白发，旧国见青山。
> 晓月过残垒，繁星宿故关。
> 寒禽与衰草，处处伴愁颜。

《唐诗三百首详析》说："律诗中句法，最宜讲究，八句要不尽同。尤其在两联中，句法不能一样。如本诗中两联，就犯此病。因为四句中，动词都用在第三字，都是以一个动词贯串上下两个名词。并且四个名词，又各带着一个形容词。因此'晓月过残垒'，可对'旧国见青山'。造成四句相同的句法。"

刘长卿号称"五言长城"，即五言诗，尤其是五言律诗作得好。但也不免疏忽，也有这样句法雷同的作品，例如《经漂母墓》：

> 昔贤怀一饭，兹事已千秋。
> 古墓樵人识，前朝楚水流。
> 渚苹行客荐，山木杜鹃愁。
> 春草茫茫绿，王孙旧此游。

中间两联对仗，四句动词都在句尾，明显雷同了。明王世懋《艺圃撷余》称诗中这种雷同为"四言一法"，说"学者不可不知避免。"

首、尾二联散行，中间两联对仗而句法要避免雷同，这样四联八句诗，在语句结构上就呈现出多层次、多样化的相反相成的形式美，这也是律诗所特有的形式美，律诗正因此而具有特别的魅力。

二、律诗对仗的几种格式

（一）中间两联对仗，此类为律诗正格，如杜甫《天末怀李白》：

凉风起天末，
君子意如何？
鸿雁几时到？
江湖秋水多。（对仗）
文章憎命达，
魑魅喜人过。（对仗）
应共冤魂语，
投诗赠汨罗。

（二）只有颈联一联对仗，古代叫作"蜂腰格"（《诗人玉屑》卷二）。王力《汉语诗律学》称作"贫的对仗"，如李白《听蜀僧濬弹琴》：

蜀僧抱绿绮，
西下峨眉峰。
为我一挥手，
如听万壑松。
客心洗流水，
余响入霜钟。（对仗）
不觉碧山暮，
秋云暗几重？

唐五律诗中，这种单联对仗的不乏其例，七律只有一联对仗的则不多见。

（三）有一种特殊格式，第一、第三联用对仗，而第二联不对仗，这种有个名号叫作"偷春格"，"言如梅花偷春色而先开也"（《诗人玉屑》卷二）。这种格式最常举的例子是王勃《送杜少府之任蜀州》，又如常建《题破山寺后禅院》：

> 清晨入古寺，
> 初日照高林。（对仗）
> 曲径通幽处，
> 禅房花木深。
> 山光悦鸟性，
> 潭影空人心。（对仗）
> 万籁此俱寂，
> 惟闻钟磬音。

（四）前三联对仗，王力《汉语诗律学》称作"富的对仗"，如杜甫《旅夜书怀》：

> 细草微风岸，
> 危樯独夜舟。（对仗）
> 星垂平野阔，
> 月涌大江流。（对仗）
> 名岂文章著，
> 官应老病休。（对仗）
> 飘飘何所似？
> 天地一沙鸥。

王力在《汉语诗律学》中说："有一种富的对仗是最常见的，差不多和普通的对仗一样常见，这就是前三联都用对仗。就五律而论，前三联用对仗的办法，比中两联用对仗的办法少不了许多，因为它的首句多不入韵，所以首联容易造成对仗。"王力先生又举例说首句入韵、前三联对仗的也有。

（五）后三联对仗，即除了中间两联对仗外，尾联也对仗，如杜甫《禹庙》：

> 禹庙空山里，
> 秋风落日斜。
> 荒庭垂橘柚，
> 古屋画龙蛇。（对仗）
> 云气嘘青壁，
> 江声走白沙。（对仗）
> 早知乘四载，
> 疏凿控三巴。（对仗）

王力在《汉语诗律学》中举的例子是杜甫的五律《悲秋》、七律《闻官军收河南河北》。后三联对仗的律诗虽然比前三联对仗的少得多，但也不是"非常罕见"，更不应视为"少数例外"。

（六）四联全对仗，最常举的例子是杜甫七律《登高》，又如杜甫的七律《九日》：

> 重阳独酌杯中酒，
> 抱病起登江上台。（对仗）
> 竹叶于人既无分，
> 菊花从此不须开。（对仗）
> 殊方日落玄猿哭，
> 旧国霜前白雁来。（对仗）
> 弟妹萧条各何在？
> 干戈衰谢两相催。（对仗）

王力先生在《汉语诗律学》中举的几首全首对仗的例子是王维的五律

《送李判官赴江东》《故河西郡杜太守挽歌》，七律《既蒙宥罪旋复拜官伏感圣恩窃书鄙意兼奉简新除使君等诸公》。又说"杜甫也有一首"，所举是五律《禹庙》。我认为《禹庙》首联不算严格对仗，我把它作为后三联对仗的例子了。而我浏览所计杜甫五律中全首对仗的实际有12首之多，杜甫自是对仗高手。

四联全对仗，如果造句不是很自然，会显得刻板不生动。一般初学者不宜硬作四联全对仗的律诗。

三、工对与宽对

用现代的词类概念说，对仗要求名词对名词、动词对动词等，是大致如此的说法。科举时代从对仗的讲究上将词语细分为37门，见《诗韵合璧》所附载《词林典腋》，其门类目录为：

天文、时令、地理、帝后、职官、政治、礼仪、音乐、人伦、人物、闺阁、形体、文事、武备、技艺、外教、珍宝、宫室、器用、服饰、饮食、菽粟、布帛、草木、花卉、果品、飞鸟、走兽、鳞介、昆虫、抬头、颜色、数目、卦名、干支、姓名人物、虚字。

除了"虚字"外，这里细致划分的大都是名词。古人对于动词、副词、代词等，都没有分类，形容词中只有颜色和数目（颜色和数目有时候属于形容词，有时也是名词和代词）自成种类，其余也没有划分。这个划分有助于我们了解古人关于词类的观念，也使我们了解古代诗人在对仗上的讲究，主要是名词门类的划分。

古代蒙学开始对字，如清初车万育撰《声律启蒙》，以及李渔编《笠翁对韵》，按韵分编对字，从一字对、双字对、三字对，到五字、七字句对，还有十一字（四字顿加七字句）联对，字义与平仄声皆对，声韵朗朗上口，易于记诵，使学童获得词汇、声韵和修辞等多方面知识，是学诗的基础训练。现今若是教青少年或爱好者学诗，仍然建议不妨读读这类书，也有益于字句声调和对仗修辞的训练。

［ 集 ］

用属于同门类的名词来对仗，叫"的（dí）对"，即贴切的对偶；也叫"工对"，即工稳的对偶。用不同类的名词相对，叫作"宽对"。

例如杜甫《旅夜书怀》颔联：

> 星垂平野阔，
> 月涌大江流。

"星"对"月"，是天文对；"野"对"江"，是地理对；"垂"对"涌"，是动词相对；"平"对"大"，是形容词相对。而"阔"对"流"，是形容词和动词可以对仗的一例。

对仗讲究工整贴切，但要注意避忌"合掌"。律诗对仗的上下两句，虽然字面不同，但词义相同或相近，两句说的意思也就雷同或相近了，叫作"合掌"。

明胡应麟《诗薮》说："作诗最忌合掌，近体尤忌。而齐梁人往往犯之，如以朝对曙，将远属遥之类。初唐诸子，尚袭此风。推原厉阶，实由康乐。沈、宋二君，始加洗削，至于盛唐尽矣。"例如骆宾王《灵隐寺》诗，明胡震亨《唐音癸签》就说"此诗属对合掌，体拗涩"，即使其中对句不都算合掌，至少"桂子月中落，天香云外飘。扪萝登塔远，刳木取泉遥。霜薄花更发，冰轻叶未凋"这三联，都不免为合掌。明王世懋《艺圃撷余》则举郎士元诗起句"暮蝉不可听，落叶岂堪闻"，谓为"合掌可笑"，是指上下句"不可听"与"岂堪闻"后三字完全合掌了。

四、三种特殊的对仗

王力先生《诗词格律概要》第四章"对仗"说："律诗有三种特殊的对仗，值得注意：第一种是数目对；第二种是颜色对；第三种是方位对。"这三种特殊的对仗，也是常见的对仗。分别举例如下：

（一）数目对，如：

> 潮平两岸阔，风正一帆悬。（王湾《次北固山下》）

楚塞三湘接，荆门九派通。（王维《汉江临眺》）

万壑树参天，千山响杜鹃。

山中一夜雨，树杪百重泉。（王维《送梓州李使君》）

烽火连三月，家书抵万金。（杜甫《春望》）

万里悲秋常作客，百年多病独登台。（杜甫《登高》）

三顾频烦天下计，两朝开济老臣心。（杜甫《蜀相》）

已忍伶俜十年事，强移栖息一枝安。（杜甫《宿府》）

　　大明湖有一副清人撰书的楹联："四面荷花三面柳，一城山色半城湖。"这是典型的数字对。从前济南的情景确实如这副对子所描写的一样，现在济南还爱用它做广告词，其实已不符合实际的景象了。

　　（二）颜色对

客路青山外，行舟绿水前。（王湾《次北固山下》）

绿树村边合，青山郭外斜。（孟浩然《过故人庄》）

白云回望合，青霭入看无。（王维《终南山》）

联步趋丹陛，分曹限紫微。（岑参《寄左省杜拾遗》）

三山半落青天外，二水中分白鹭洲。（李白《登金陵凤凰台》）

青枫江上秋帆远，白帝城边古木疏。（高适《送李少府贬峡中王少府贬长沙》）

映阶碧草自春色，隔叶黄鹂空好音。（杜甫《蜀相》）

　　（三）方位对

青山横北郭，白水绕东城。（李白《送友人》）

北斗兼春远，南陵寓使迟。（李商隐《凉思》）

西山白雪三城戍，南浦清江万里桥。（杜甫《野望》）

西望瑶池降王母，东来紫气满函关。（杜甫《秋兴八首》其五）

支离东北风尘际，漂泊西南天地间。（杜甫《咏怀古迹五首》其一）

以上三种对仗，读诗时当留意品味，学诗要有意识地学作。

五、四种变通的对仗

对仗以工整贴切为准则，但若一味求工整，有时也不免会显得死板。而有时用变通的对仗，既方便意思的表达，又不违律，还使形式增加变动感。因此，了解变通的对仗规则，既有助于欣赏近体诗，也有助于学习创作。我这里就讲一讲流水对、扇面对、借对和当句对几种变通的对仗。

（一）流水对

对仗的上下两句表达了一个完整语意的，叫流水对。

《诗经·小雅·伐木》"出自幽谷，迁于乔木"，已是流水对。

五言律诗中上下两句作一意的流水对，又叫"十字格""十字对"。唐诗中如：

> 与君离别意，同是宦游人。（王勃《杜少府之任蜀州》）
> 可怜闺里月，长在汉家营。（沈佺期《杂诗》）
> 欲寻芳草去，惜与故人违。（孟浩然《留别王维》）
> 直愁骑马滑，故作放船回。（杜甫《放船》）
> 不愁巴道路，恐湿汉旌旗。（杜甫《对雨》）

宋葛立方《韵语阳秋》卷一说：

> 梅圣俞五字律诗，于对联中十字作一意处甚多。如《碧澜亭》诗云："危楼喧晚鼓，惊鹭起寒汀。"《初见淮山》云："朝来汴口望，喜见淮上山。"……诗家谓之"十字格"。

七律诗中流水对，也叫"十四字对"，例如：

> 即从巴峡穿巫峡，便下襄阳向洛阳。（杜甫《闻官军收河南河北》）
> 请看石上藤萝月，已映洲前芦荻花。（杜甫《秋兴八首》其二）

（二）扇面对

又叫隔句对，是第一句与第三句对、第二与第四句对的对仗方式。例如
杜甫《哭台州郑司户苏少监》：

> 得罪台州去，时危弃硕儒；
> 移官蓬阁后，谷贵殁潜夫。

白居易《夜闻筝中弹〈潇湘送神曲〉感旧》：

> 缥缈巫山女，归来七八年；
> 殷勤湘水曲，留在十三弦。

苏轼《用前韵再和许朝奉》：

> 邂逅陪车马，寻芳谢朓洲；
> 凄凉望乡国，得句仲宣楼。

（三）借对

字面上不对仗，实际上借用同音或多义字来对仗，叫借对。借对有的借
用同音字为对，有的借用一字多义为对。

1.借音

例如杜甫《野望》：

> 西山白雪三城戍，南浦清江万里桥。
> 　　　　　　（借"清"字音青，对"白"。）

白居易《西湖留别》：

> 翠黛不须留五马，皇恩只许住三年。
> （借"皇"字音黄，对"翠"。）

2.借义

例如王维《济上四贤咏·崔录事》：

> 少年曾任侠，晚节更为儒。
> （借节操之"节"另有时节义，对"年"。）

杜甫《曲江二首》：

> 酒债寻常行处有，人生七十古来稀。
> （借"寻常"另有长度义，对"七十"。）

刘禹锡《西塞山怀古》：

> 千寻铁锁沉江底，一片降幡出石头。
> （借石头词尾的"头"另有顶端义，对"底"。）

（四）当句对

当句对又称为句对或就句对，是一句之中自成工对，如此则上下句即使是宽对，也算是工对。例如杜甫七律《涪城县香积寺官阁》颈联：

> 小院回廊春寂寂，浴凫飞鹭晚悠悠。
> （"小院"与"回廊"工对，"浴凫"与"飞鹭"工对。）

又杜甫七律《滕王亭子》颈联：

清江锦石伤心丽，嫩蕊浓花满目斑。

（"清江"与"锦石"工对，"嫩蕊"与"浓花"工对。）

六、半对半不对

"半对半不对"，这个说法最初是王力《汉语诗律学》第一章"对仗的讲究和避忌"一节里提出的，王先生说："如果首句入韵，首联共有两个韵脚，更不容易属对；当其用对仗的时候，半对半不对的情形更为常见。"举例是：

> 子月过秦正，寒云覆洛城。（李颀《送相里造入京》）
> 西寺碧云端，东溪白雪团。（欧阳詹《太原和严长官八月十五日夜西山童子上方玩月寄中丞少尹》）
> 君游丹陛已三迁，我泛沧浪欲二年。（白居易《夜宿江浦闻元八改官》）
> 天幕沉沉淑气温，雨丝轻软坠云根。（韩琦《次韵和子渊学士春雨》）

后来王先生在《诗词格律》一书第二章第四节"律诗的对仗"，讲"宽对"一段中，不仅讲首联可用半对半不对，进而说道"颔联的对仗本来就不像颈联那样严格，所以半对半不对也是比较常见的，杜甫的'遥怜小儿女，未解忆长安'就是这种情况"。又举毛泽东七律《赠柳亚子先生》为例，其首联、颔联都属于"半对半不对"，颈联是严格的对仗：

> 饮茶粤海未能忘，索句渝州叶正黄。
> 三十一年还旧国，落花时节读华章。
> 牢骚太盛防肠断，风物长宜放眼量。
> 莫道昆明池水浅，观鱼胜过富春江。

王力先生的这个"半对半不对"的说法，对于学习律诗者很重要。其一是对于理解唐宋律诗很有帮助，因为我们读唐宋律诗，往往会遇到"半对半不对"的诗句，会疑惑这是算对仗呢，还是不算对仗呢？有王先生这个说法，就容易理解了，即在首联、颔联（也包括尾联）用半对半不对的对句，是不违律的。其二是对于我们学作诗有帮助，我们作诗时也可以运用这个"规则"，使写作时的自由度就加大了。

　　王力先生这个重要的说法，在另外两种简要的诗律小书《诗词格律概要》和《诗词格律十讲》中却都没讲。所以，《诗词格律》一书还是很值得参阅的。

（作者单位：四川美术学院艺术人文学院）

优游涵泳，厚积薄发

——巩本栋先生学术传略

罗超华

巩本栋先生 1955 年出生于江苏丰县，在时代的风云变幻中经历了辗转曲折的求学之路。他 1966 年毕业于睢宁县实验小学，受"文化大革命"影响，停滞四年之后才进入睢宁县中学读书。1974 年至 1977 年，下放睢宁县苏塘果园场和丰县顺河公社劳动。1977 年至 1979 年，在江苏沛县师范学校文科专业班学习，毕业后留校任教。1980 年至 1982 年，在职到南京师范学院（今南京师范大学）中文系学习。1984 年考入西南师范学院（今西南大学）中文系攻读硕士学位，师从徐无闻先生、林昭德先生，1987 年考入南京大学中文系攻读博士学位，师从程千帆先生、周勋初先生。1990 年至 2001 年，历任南京大学思想家研究中心讲师、副研究员、研究员，南京大学《中国思想家评传丛书》副主编。2001 年至 2020 年，任南京大学文学院教授、博士生导师，享受国务院政府特殊津贴。现为安徽师范大学中国诗学研究中心特聘教授，兼任南京大学人文社科高级研究院研究员、中国宋代文学学会理事、中国词学研究会常务理事、《中国诗学》主编。有《辛弃疾评传》《宋集传播考论》《唱和诗词研究：以唐宋为中心》《思想与文学：中国文学史及其周边》《宋代文献编纂与文化变革》等著作 15 部，在海内外学术期刊发表论文近百篇。

[名家介绍]

一、结缘古典文学

先生与中国古典文学的结缘，可从其母亲说起。先生的母亲方志伟女士自幼爱读书，学习成绩甚好。新中国成立后，曾长期从事统计工作，是国家首批统计师，直到耄耋之年，仍手不释卷。读书看报，亦有章法。"一份报纸，可以被她分解成一张一张的，然后堆成一摞……还喜欢分专题剪报，装订成册，针对性地分发给孩子们，对国家大事，不光关心，还有观点见解"（王一涓《天若有情》，载氏著《闲数落花》，安徽文艺出版社2017年版）。故先生的夫人王一涓女士认为巩家孩子会读书，基因来自母亲。事实上，先生外家这一支在清代十分显赫："方家是官宦世家，因为读书而做官，从河南祖籍到安徽，到杭州。几代人奋斗的结果是，出了榜眼、探花各一人，进士四五人，这些都有金匾作证……除了标志先贤们荣誉的这些匾额，还有一块皇帝钦赐的'福'字匾。"（《闲数落花》）祖辈好读书、善读书，因读书而光耀门楣的辉煌事业潜存于先生记忆与血液中，他后来在不同工作岗位、不同学术领域能取得优秀成绩，与其书香世家的家学渊源应有关联。

抛开基因影响与家学传承，寻找一些具体的线索，那么先生与中国古典文学的结缘，又可追溯至中学时代偶然读到的两首古诗：一首是鲍照的《拟行路难》，一首是杜甫的《饮中八仙歌》。鲍、杜二人通过诗歌，一则抒发了自身的孤直愤激情绪；一则暗含了迷离惝恍的忧愁烦闷。彼时先生年少，还不能深刻体悟诗中之真情与作者之真意，却也为"丈夫生世会几时，安能蹀躞垂羽翼"的奋励有为之志而心胸激荡，为"饮中八仙"之潇洒可爱而感叹，并从阅读诗歌中获得了美的感受，是以难以名状地喜欢上了这两首古诗。在20世纪70年代那样一个无书可读的"文化荒漠"时期，阅读古典诗歌给先生带来了奇特、惊喜且铭记终生的美好体验，这或许便是他与中国古典文学在冥冥之中注定的缘分。

中学毕业后，先生作为知青下乡插队，先是在睢宁县苏塘果园场劳动，后又因父母工作调动转到了丰县顺河公社。劳动之余，先生总想方设法地寻找机会看书。那时，除了与政治有关的报纸社论，知青中也流传着一些中外文艺作品甚至手抄本读物，很多小说都是没有封面少头无尾破破烂烂的，但是丝毫不影响大家的阅读兴趣，大家悄悄地单线联系，互相传阅，如饥似渴地阅读。到"文革"后期，一部分古典文学方面的经典书籍解禁，如人民文学出版社出版的《红楼梦》等，但这些书印数很少，要有一定级别的人才能购买，因此一般人很难得见。恰巧，先生的父亲当时在睢宁县工作，属于可以买书的"级别"，买了一套《红楼梦》珍藏箱中，于是先生有了偷偷看《红楼梦》的机会。

在那段艰难的岁月中，古典文学可谓是先生贫瘠精神世界中的一抹亮色，而反观先生后来以古典文学为自己的终身事业，一方面是早年潜移默化的兴趣使然，另一方面又与他在沛县师范学校、南京师范学院读书的经历有着关联。

1977年初，"文革"结束后，先生被推荐进入沛县师范学校读书，成为最后一届工农兵学员。其间，先生曾受到过两位老师的影响。一位是讲授古代文学的高承杰老师，一位是讲授中国史的马愈老师。高承杰老师毕业于南京师范学院中文系，曾长期在南京晓庄师范学校任教，授课极为认真，教案都写成讲稿，工笔楷书，一丝不苟。上课虽是念讲稿，却颇受学生欢迎。马愈老师上课则风趣生动，随意挥洒，自然也容易吸引学生。先生读书时，成绩一直名列前茅，尤其是古代文学和中国史两门课常得100分，令人惊诧，故颇受两位老师赞誉。这种很早显露出来的天赋无疑增加了先生学习中国古代文史的兴趣，也对先生走上古典文学的研究道路起到了积极影响。

1980年，先生在职进入南京师范学院学习，一方面在中文系修读一些本科课程（时已偏好中国古代文学）；另一方面，还常常到相邻的南京大学听课。他曾完整地听过程千帆先生的"杜诗研究"、周勋初先生的"《文心雕龙》研究"、鲍明炜先生的"音韵学"等课程。这两年的学习使他眼界大开，直接影响了后来的学术道路，特别是程千帆先生在"杜诗研究"课上讲到杜甫的《同诸公登慈恩寺塔》时，举岑参、高适、薛据和储光羲诸人同时所作进行比较，指出这种同题共作的情形最能见诗人用心，当时先生立即便联想到：韩愈和孟郊的联句与唱和诗不也是同题共作吗？二者之间是否可以进行比较研究呢？这些有关诗歌唱和的问题和想法开始在心中酝酿，后来硕士论文便是以《唐宋唱和诗词研究》为题进行的研究，可以说，这正得益于程千帆先生的启发。

1981年，先生随指导教师金启华先生参加在成都召开的首届杜甫研究学会年会暨国际学术研讨会。这次参会，开启了先生与硕士生导师徐无闻先生的缘分，为他下一段求学西南师范学院，拉开了帷幕。

二、从长江头到长江尾：学术世界的开启

1981年，先生去成都参加首届杜甫研究学会年会暨国际学术研讨会，当时会议主办方组织与会者进行文化考察，大家欣然前往，唯有一老者言家在成都，这些名胜古迹已去过多次，便中途下了车，因此先生对这位老者印象深刻。1984年，先生报考西南师范学院的硕士，在面试时见到徐无闻先生，才惊知：这不正是几年前在成都参会时见过的那位老者嘛！当年先生作为年轻后辈参会学习，对很多学界前辈只闻其名不识其面，故并不知道那位老者便是徐无闻先生，更不可能知道徐先生后来竟成为自己的导师，这不得不说是一种奇妙的缘分了。

先生于1984年夏到达重庆，在西南师范学院跟随徐无闻、林昭德二位先生学习。徐、林二先生皆是生于蜀，长学蜀，学于蜀，其治学方法亦是传统的蜀中学术：不求著述等身，而讲读书万卷。是以徐先生第一次开课，即板书颜之推"观天下书未遍，不得妄下雌黄"授予诸生，希望门人能潜心读书，多作积累，以在将来的学术道路上走得更远。而后来先生与徐师闲谈，问及退休后的打算，亦答曰："还家贫不死，读尽旧藏书。"受此影响，先生在硕士阶段潜心读书，所读之书，涉及文学、美学理论著作和目录学、经学、史学与集部之书等，从而为此后的学术发展奠定了坚实基础。

先生在西南师范学院攻读硕士学位期间，得到徐、林二位先生及中文系内外多位老师的教导。徐先生讲授"唐宋文学要籍解题"课程，从编选宗旨、主要内容和特色，到版本源流、研究现状等，无不涉及，实际是从基本的集部文献解读出发，勾勒出一部唐宋文学发展的历史。林先生则开设了"《论语》《孟子》导读"等课程，通过对儒家经典的细读，不但为学生学习中国古

代文学打下基础，而且使学生加深对中国传统思想文化的认识和理解。其他老师如谭优学先生开设"《左传》导读"，曹慕樊先生开设"目录学专题研究"，李景白先生开设"孟浩然研究"，荀运昌先生开设"唐宋诗选读"等课程，以及徐无闻先生从历史系聘请黎明先生讲授"宋史研究专题"，从成都大学请白敦仁先生讲授"宋诗专题研究"等课程，这些都对先生的学习和研究大有助益。

除这些常规课程学习外，毕业前的那个暑假，巩本栋先生还曾随徐无闻先生到西北访学。师生数人从重庆出发，先到成都，再至西安，在西安拜访了陕西师范大学的黄永年先生，还参观了西安的名胜古迹。又从西安到天水，游麦积山。再从天水往西到兰州，最后抵达敦煌。此次游学经历使先生接触到书斋之外的广阔天地，增长了见识，拓宽了眼界，可谓受益良多。后来先生在南京大学文学院任职二十余年，也常常带领一众学生出游，虽不能远至敦煌，但也踏访了不少南京的文化圣地，这既是寓教于游，或许也是对当年随徐先生游学的一种传承与追念吧。

事实上，也因缘于这段求学经历，先生对川渝之地感情颇深。时人有谓："蜀中安逸，不善于学。"他却对蜀中学风多有赞赏，言道："蜀地多耆学宿儒，他们读书甚多，学问深广，却不轻易著述。他们有其独特的传道授业方式——'摆龙门阵'，闲谈之间，却彰显学问。"先生在撰写《学术自述》回忆求学经历时，专列段落介绍徐无闻、林昭德二师之学术，其意亦不言自明。先生任教三十余年间还招收了不少川渝籍硕士、博士，尤其是2016年最后一次入门的四名学生中，有三位来自巴蜀（李欣，四川遂宁人，西南大学本科；邓淞露，四川雅安人，四川大学本科；罗超华，四川广安人，四川师范大学硕士），可以说这既是他对蜀人的一种回馈，也是与蜀中缘分的延续。

1987年，先生考取了南京大学中文系博士生，成为程千帆先生和周勋初先生的及门弟子，开始了新的学习生活。入校之初，两位导师便布置了专业课和三年学习的任务："读五种书：《楚辞》《庄子》《文选》《文心雕龙》和《南史》。另外，修一门周先生为硕士生开设的课程'当代学者治学方法研究'。每门课都要完成一篇论文，而且既强调对文学作品本身的艺术性和作家心灵的理解和感知，又要求尽量运用不同的理论和方法去完成这些作业，要求达到在省级以上刊物上发表的水平。"（葛云波主编《九畹芳菲：巩本栋教授荣休纪念文集》，中华书局2020年版）遵从导师们的教导，巩本栋先生在三年攻读博士学位期间，手不释卷，徜徉在古典文献的海洋中。先生的博士学位论文选择了宋代文学。学界一般认为，宋代文学材料浩如烟海，通读殊不容易。周勋初先生的一位留学生曾经想研究"三苏"，周先生曾给他指出这一点。周先生说，读这些书"得花很长时间才能读好。我们系里的巩本栋老师，他的博士论文题目是《北宋党争与文学》，他确是踏踏实实地通读了这些材料，但对你来说，怕有困难"（周勋初、余历雄《师门问学录》，凤凰出版社2004年版）。多年后，先生对自己招收的每一位学生也总是作如是要求，身体力行地传承着南京大学中文系的学术传统与精神。通过研读这些经典书目及课后的学术论文写作实践，先生进一步开拓了研究视野，并且对程千帆先生"文艺学与文献学相结合"和周勋初先生"综合研究"的治学理论与方法皆有了深刻认识和体悟。他曾阐发程先生的治学方法云：所谓文艺学方法，是以文学作品为中心，通过深入研读、感知、理解作品，不断走近古人的内心世界、贴近古人心灵的方法；至于文献学方法，则是一种既包括版本校勘、文字训诂以及名物考订等传统考据学，又兼含其他学科如自然科学的知识和方法在内的综合研究方法。而在具体的研究实践中，则应力求做到二者的有机结合。言及周先生的治学特点，又称其多着眼思想文化，将文学置于思想文化的大背景下进行考察；侧重基于文献基础上的思想文化层面的综合分析和探究；着重归纳与类推；顺物自然，综合文史，逆来顺往，旁见侧出，几无踪迹可寻。

先生通过跟随程、周二位业师读书学习，并不断总结其学术思想和方法，故其自身的研究也就深受他们的影响，即既重视文学文本，又力求从中国传统思想文化的大背景下来讨论文学，注重文学与思想文化其他层面的联系。

巩本栋先生通过对北宋党争与文学关系的研究，希望能解决北宋新旧党争如何影响文学的发展等问题。由于相关论题涉及北宋新旧两党之间的政治斗争和北宋的思想学术，非纯粹的文学研究，故而先生一方面通过爬梳《续资治通鉴长编》《续资治通鉴长编纪事本末》《东都事略》《宋史》《宋史纪事本末》等史书以及《涑水纪闻》《邵氏闻见录》等宋人史料笔记，熟悉北宋的社会历史背景；另一方面又系统地阅读了北宋庆历、熙宁、元丰、元祐等时期的一些重要人物的诗文别集，以探索北宋党争具有的多种性质。在此基础上，他从政风、士风、政治斗争、思想学术之争等多个角度，阐释了不同阶段的党争对文学产生的不同影响。

三、板凳甘坐十年冷：领域的扩展与学术的会通

1990年，巩本栋先生博士毕业留校，进入南京大学中国思想家研究中心工作，开启了新的十年。而这十年，则是他研究领域大为扩展的十年及学术得以会通的十年。

先生在中国思想家研究中心的主要工作是参与编纂《中国思想家评传丛书》。关于这套丛书，匡亚明校长的构想是："在时间上从孔子开始到孙中山为止，方法上采取《中国思想家评传丛书》的形式作为实现这一任务的开端。这就是从这段历史的各个时期、各个领域和各个学科（包括文、史、哲、经、教、农、工、医、政治等等）有杰出成就的人物中，遴选二百余人作为传主（一般为一人一传，少数为二人或二人以上合传），通过对每个传主的评述，从各个侧面展现那些在不同时期、不同领域中有代表性人物的思想活力和业绩，从而以微见著、由具体到一般地勾勒出这段历史中国传统思想文化的总体面貌，揭示其积极因素和消极因素的主要内涵，以利于开门见山、引人入胜地批判继承、古为今用，也为进一步全面系统地总结中国传统思想文化打下基础。"（《〈中国思想家评传丛书〉序》，《南京大学学报》1991年第1期）因而可以说既极具意义，但也使相关工作人员颇感任务艰巨。先生在思想家研究中心一方面需负责编稿、审稿等，另一方面自己又承担了《辛弃疾评传》的撰写工作。尽管工作繁多，但是先生皆一丝不苟，且颇有成绩，是以得到了蒋广学先生的欣赏与看重，遂向思想家研究中心主任匡亚明校长大力举荐，于是先生又担任了《中国思想家评传丛书》的副主编。最终，先生以优异的成绩回报了蒋先生与匡老的信任：他凭借责编的《郦道元评传》获得了原国家教育委员会优秀学术著作编辑奖，撰写的《辛弃疾评传》获得了南京大学第二届社科成果奖二等奖。

由于编审书稿，先生需定期与作者联系，登门拜访，创造见面谈话的机会以推进书稿进程，但丛书中许多作者并不属于文学领域，这在客观上要求先生必须大量阅读文学之外的书籍。对先生而言，很多工作实已离开了原来所学习的古代文学专业，有些跨界，但通过在思想史方面的广泛阅读和对相关问题的思考，却又提高了他的理论思考能力，进一步拓宽了其研究视野。程千帆先生曾教导巩本栋先生"治学应有自己的领域和特点"，而思想家研究中心的工作经历正如同一个催化剂，促使他打开视野、扩展领域的同时，进一步明确了自己的研究方向：尽可能地把文学研究放在一个比较宽广的思想文化背景下加以考察，从文学到文化，再由文化回到文学，以不断有所创获。他在这一时期撰写的《辛弃疾评传》，便集中地体现了上述研究倾向。比如，他指出："由于金国内部政局的变化和宋高宗患得患失的特殊心态，以及禀承其祖宗家法、收回中兴诸将的兵权等自毁长城的做法，加之自北宋末以来士风的委靡颓败，遂使宋、金两国之间形成一种长期对峙的局面。处身这一悲剧的时代，任何人致力恢复的任何努力，都不能不归于失败。辛弃疾的一生也只能是悲剧的一生。"从广阔的背景研究着手，剖析悲剧时代下辛弃疾的悲剧人生。又如他指出，随着辛弃疾心态发展变化的四个阶段，"辛词的创作也呈现出不同的特色，同样是对国家和民族的前途与命运的深重的忧患意识和责任感，在不同时期仍各有不同。辛弃疾在思想上兼受儒家和兵家思想的影响，论事论文皆重气，然又主张气要贵平。他以文为词而又能兼用比兴、雅俗并取，似无法而有法，其词作形成一种既雄奇刚健又深婉典丽的独特风格，取得了卓越的成就"。这些都体现出他研究视角的独特、开阔，以及思想与文学的会通。

四、玲珑宝塔与九畹芳菲：科研与教学的果实

2001 年，巩本栋先生调回南京大学中文系，主要讲授"中国文学史""中国文学史专题研究""中国文学史背景研究""中国古典诗歌与诗歌理论""宋代文学史料学""苏轼研究""辛弃疾研究""中国古典文学的文化阐释"等课程。先后承担了"宋代士风与文学""唱和诗词研究""宋代文学史料研

究""中国古代文献文化史·宋代卷""宋代文学史料学研究"等多项课题。可以看出，先生的学术领域既有贯穿整个中国文学的通史研究，又有聚焦于宋代文学、文化的重点研究。这既渊源于他转益多师，融汇了多位师长的治学思想与研究方法，又得益于他多年来在南京大学中文系的教学相长。先生在《思想与文学：中国文学史及其周边》（北京大学出版社2021年版）的后记中谦虚地说道："本书所呈现给读者的，实际上便是笔者多年来在文学史教学与研究方面的一点心得。"若将先生几十年的学术耕耘比作一个繁花盛开的花圃，这本著作则是撷取颜色各异、品种不同的若干鲜花汇集一束，千卉芬芳，光华流转，这既是对他教学与科研成果的集中展示，也是对其治学方法、学术理路、成长轨迹的生动呈现。

先生的治学特点可以概括为：以文献为基础，以文学为本位，而以思想文化为视野。在方法上，他始终践行程千帆先生"文艺学与文献学完美结合"的理念，重视综合研究。《思想与文学：中国文学史及其周边》便是思想文化视野下的中国古代文学研究，"着眼于思想学术、时世政治、文士交往、书法绘画等文化背景因素与文学的关系，提出问题，解决问题。"书中所探讨的多是文学史上的重要问题。例如，作为赋体文学代表的汉赋的起源问题，是文体研究领域历久弥新的讨论热点，历来学者有持"赋源于《诗》"说、"赋源于《楚辞》"说、"赋源于隐语"说等，也有"多源说""综合说"等折中的论调。先生在第三章"战国纵横家与汉大赋的起源"中指出，"汉赋直接源于战国纵横家的游说进谏之辞"。文章从背景研究出发，在影响赋体起源与发展的众多思想文化背景和因素中，考索其最重要、最直接起作用者，以揭示汉赋发展的脉络，进而解答其起源问题，是拨开汉赋起源问题之迷雾的重要探索。

又如对《文心雕龙》"风骨"论内涵问题的探讨，《思想与文学：中国文学史及其周边》第四章"魏晋'才性论'与刘勰《文心雕龙》'风骨论'"，从刘勰生活的时代背景入手，注意到时人盛行从性格、气质和才情等层面考察和评价人物，"刘勰《文心雕龙》之论为文用心，也不能例外。其风骨论，就是在王充《论衡》、曹丕《典论·论文》和刘劭《人物志》等诸多理论著述的直接影响下，从作家的先天禀赋、性格和气质的角度展开论述的"。这样的研究思路正体现了先生对"文艺学与文献学相结合"方法论的思考与实践，做到了如他自己所说的"把对作者生平与思想的探索，对作品写作时间、地点，作者所生活的时代背景等史实和材料的考辨，与文学的批评结合起来"。

先生提倡从思想文化与文学的关系上去考察文学问题、文学史问题以及文学批评史等相关问题。如第十一章"欧阳修的经学与文学"，把握住欧阳修经学的突出特点是以人情常理解经，原因则在于其家世不显，贫寒无所师，故能学出己见，无所约束，大胆怀疑。由此，欧阳修在文学上无论是读书重其意，主张事信言文，还是对言简意深和简而有法的强调，以及欧阳修文学创作风格的纡徐婉转、平易畅达等，都可以得到合理解释。又如第十二章"苏轼的思想学术与文学创作"，指出苏轼的主要思想倾向和特征其实是援道入儒，儒道兼融，而非学术界一贯认为的杂糅儒释道三教。而苏轼的学术思想也深刻影响了其"自然为文"的文学观念和文学创作。

思想文化背景研究同样适用于与文学史紧密联系的文学批评史，如先生所说："文学批评史上的一些重要理论命题，它们的提出，就既有文学自身发展的因素，也有其特定的历史条件和背景，追寻这些原因和背景，对我们进一步认识和理解其理论内涵和发展，对文学批评史的研究，无疑都是有十分积极的意义的。"第七章"兵家思想与唐五代诗格中的'势'论"，即尝试从兵家思想与文学的关系上去考察唐五代诗格中的"势"，指出皎然《诗式》、齐己《风骚旨格》、僧神彧《诗格》等所谓"势"论，与禅学中的"势"并无深层关系，而是来自兵家和书论。又如第十章"'诗穷而后工'说的历史考察"，将欧阳修"诗穷而后工"理论的提出，放置于北宋党争的大背景中来看待，指出欧阳修此论专为梅尧臣而发，结合这些具体的历史条件和时代背景，才能真正理解这一理论的内涵。

纵观先生的学术生涯，由于其不断拓展自身视野，从先秦到清代，从域内到域外，从文献学到文学再到文化，所占据的领域十分宽广，且在每一个领域皆有代表作品。如《〈文心雕龙·程器〉新探》〔《南京大学学报》（哲学社会科学版）1998年第2期〕、《论辛弃疾南归前期词的创作》（《文学遗产》2004年第5期）、《环绕唐五代诗格中"势"论的诸问题》（《文史哲》2007年第1期）、《论域外所存的宋代文学史料》〔《清华大学学报》（哲学社会科学版）2007年第1期〕、《"借君无弦琴，寓我非指弹"——苏轼〈和陶诗〉新论》（《文艺研究》2011年第4期）、《〈宋诗钞〉的编纂及其诗学史意义》〔《南京大学学报》（哲学社会科学版）2015年第3期〕、《〈太平御览〉的分类及其文化意义》（《中国高校社会科学》2016年第2期）、《宋初四大书编纂原因和宗旨新勘》（《文艺研究》2016第4期）、《"东坡乌台诗案"新论》（《江海学刊》2018年第2期）、《〈楚辞〉之兴，本由图画而作——〈九歌〉新论》（《中国文化》2019年第1期）、《"欲知唐诗者，观此足矣"——王安石〈唐百家诗选〉新论》（《中华文史论丛》2019年第2期）等，可以说真正做到了博观而约取，厚积而薄发。程千帆先生曾将文学史实比作一个八面玲珑的宝塔，周围有其他风景点染，而巩本栋先生长期以来的科研实践正是在从各个不同的角度，来展示文学史这座"玲珑宝塔"及其周边的风景。

除了专注自身的科研，先生几乎将所有的精力都倾注于指导学生。二十余年间，他精心培育了近百位弟子，始终以同等重视的态度对待科研与教学，他曾说："在综合大学里，几乎每年都要进行科研数据的统计，而教学成果的统计虽也有，却似乎没太被重视，更不会询及指导的学生毕业后去了哪里，他们的发展情况如何，取得了什么成绩等等。"（《九畹芳菲：巩本栋教授荣休纪念文集》）正是出于这种心理，在临退休之际，先生才答应了门下弟子提出为他筹办荣休庆贺活动的提议。2020年8月，中华书局隆重推出了《九畹芳菲：巩本栋教授荣休纪念文集》，《文集》除莫砺锋先生的序和巩本栋先生撰写的学术自述外，主要由两部分组成：一是学术论文，二是问学录。前者将巩门弟子的研究成果、治学特色展示于学界，后者裒汇先生二十余年悉心教导学生的点滴细节，绾结二者，则呈现了一个恪尽职守、学高身正、尊敬师长、爱护弟子的学者、师者形象。

先生培养研究生，始终恪守程千帆先生当年的范式。学生入门之初，皆会将程先生所赠"敬业、乐群、勤奋、谦虚"八字转授，并要求学生撰写三篇自传（白话文、文言文和英文），通过这样的方式，一方面可以了解学生的家庭背景、求学经历、性格爱好等个人基本情况，另一方面也可掌握学生的文字能力、古文功底及外语水平，在今后的教育中便能做到因材施教。在具体学习中，先生一贯主张入门要正，起点要高，故通常指定若干种经典书目让学生通读，涵括经、史、子、集，同时先生亦注重方法的传授，命学生认真研读程千帆先生《古诗考索》《被开拓的诗世界》等著作，领悟程先生如何发现问题，如何解决问题，揣摩什么叫作"文艺学与文献学的完美结合"。莫砺锋先生曾说："本栋在程门弟子中最大的特点是恪守师训，几乎言必称程先生。他在指导学生时，也完全遵循千帆师当年的程式。"（《九畹芳菲：巩本栋教授荣休纪念文集》）先生自己亦坦然承认，他希望学生有规则可循，有方法可用，当年程先生和周先生如何培养他，他便如何培养自己的弟子，好的方法和学术精神需要一代一代传承下去，这便是薪火相传。

在先生数十年如一日的悉心培育之下，巩门弟子在各自的工作岗位上，努力工作，大都取得了优异的成绩，为学术的传承和发展，也为南京大学、为巩门争了光。这或许就是学生给老师的最大慰藉。

五、退而不休，再度出发

2020年，先生正式退休，南京大学文学院为之举办了荣休会。在荣休讲座上，先生表示退休其实是一个新的开始，并称程千帆先生受聘于南京大学时已65岁，却在此后的十二年里，不但带出了一批博士、硕士研究生，而且撰写、编纂、整理了近20部著作，为当代学术史添上了浓墨重彩的一笔，那么"作为程门弟子中的一员，有先生的榜样在前，尤应恒自诚惕，奋发有为，以退休为新的学术起点，努力前行，做出成绩！纵不能至，而心向往之"（《九畹芳菲：巩本栋教授荣休纪念文集》）。

事实上，先生也确实是这样做的。2019年即将退休之际，先生应张伯伟先生委托，与蒋寅先生共同主编《中国诗学》。张伯伟先生与巩本栋先生既是同门师兄弟，又是知交挚友，他曾对先生说："《中国诗学》的作者基本上是博士生、博士后、年轻教师，那么编这本杂志，也等于是在指导学生后辈，相当于换一种方式来延续教学和引导学术。"此言正合先生"得天下英才而育之，何乐而不为"的教学理念，遂欣然同意了。

二十年后重新做编辑，先生仍不改在中国思想家研究中心编纂丛书时的初心，亲力亲为，十分用心，凡在《中国诗学》上刊发的文章都是先生亲自看过、审过的。现在的很多学术期刊，由于来稿数量庞大，编务人员有限，对投稿者精心写作的文章并不给出退稿意见，而先生则始终以教育天下英才的师者之心，赤诚而温柔地对待每一篇稿件，每一位作者，尽可能地给出中肯的意见，即使是退稿，也会给出不采用的原因，以促使文章的完善与作者的进步。当然，也曾遇到过作者对审稿意见不赞同，对退稿原因不接受，并提出反驳意见。面对这样的情况，先生都以宽容的态度，心平气和地与作者沟通，本着学术应该讨论的理念，作进一步的处理，比如请来南京大学文学院古代文学专业的其他老师一同商讨，最终在一个开放、公平的学术讨论氛围中，使作者认识到文章的缺陷从而心悦诚服。

除了主编《中国诗学》外，先生对自己的学术仍有很清晰的规划和更高的追求。他始终觉得自己要做的工作还有很多，有很多想法和思考要写出来，还有手上的课题仍要继续研究，博士论文研究的课题也亟待进一步充实完善后出版。而这些事情，不管退休与否，都是要继续做下去的，因此他在退休之前和退休之后的生活、心态都没有太大的变化，仍然是在延续着之前的工作，甚至有时更加忙碌。虽然手上的工作很多，但先生也保持着一贯的泰然自若，十分从容地一件一件地做，所谓"宽着程限，紧着功夫"，做到这点，便不会有心理上的急躁和焦虑，又能很好地完成该做的事情。在退休后，先生接连发表了一系列高质量论文，如《"论家之正体"——宋代经论初探》〔《中山大学学报》（哲学社会科学版）2020年第3期〕、《孟子升格运动与〈孟子注疏〉的编纂、刊刻与流传》（《孔子研究》2020年第3期）、《〈古文关键〉考论》（《文学遗产》2020年第5期）、《南宋复雅词集的编纂与文化绍兴》〔《清华大学学报》（哲学社会科学版）2021年第6期〕、《"词林之弘璧，艺苑之玄珠"——略谈〈古文真宝〉的评价问题》（《光明日报》2022年9月24日）等；出版了《思想与文学：中国文学史及其周边》《宋代文献编纂与文化变革》等书。另有撰著中的《广弘明集校注》《宋代文学史料学》，将由中华书局出版。《古文真宝笺释两种》的撰写也在进行中，将由凤凰出版社出版，学界翘首以盼。

（作者单位：山东大学文学院）